Marilyn B. Smith / Ingrid Kern (Hrsg.)

OHNE
**FRAUEN UND MÄNNER
IM DIENST FÜR GOTT**

UNTERSCHIED?

■ Leitungsaufgaben
in christlichen Gemeinden
und Werken
■ Eine Herausforderung,
die Grundlagen
neu zu überdenken

Erarbeitet von der Kommission für
Frauenfragen der Weltweiten Evangelischen
Allianz (World Evangelical Fellowship, WEF)

BRUNNEN
VERLAG GIESSEN·BASEL

Die Deutsche Bibliothek – CIP-Einheitsaufnahme
Ein Titeldatensatz für diese Publikation ist bei
Der Deutschen Bibliothek erhältlich

Aus dem Englischen von Gerhard Kretzer
Theologische Bearbeitung: Ingrid Kern, Friedhilde Stricker
Lektorat: Petra Lütjen
Die Bibelzitate sind entnommen aus:
Die Bibel. Einheitsübersetzung der Heiligen Schrift,
© 1980 Katholische Bibelanstalt GmbH, Stuttgart

© 2000 Brunnen Verlag Gießen
Umschlagfotos: Dirk Höllerhage
Umschlaggestaltung: Ralf Simon
Satz: DTP Brunnen
Herstellung: St.-Johannis-Druckerei, Lahr
ISBN 3-7655-1200-1

Den Frauen in meinem Leben gewidmet:

Meiner Mutter Mary Frances, die in mir Hoffnung weckte,
indem sie mir mutig und humorvoll voranging –
in einer Zeit, die Frauen nur wenig Freiheit ließ.

Meiner Tochter Julie und meiner Schwiegertochter Miriam,
deren Vorbild mir Mut macht, die Freiheiten und Chancen,
die Gott mir geschenkt hat, stärker zu nutzen.

Meinen Enkeltöchtern Alicia, Lindsay und Jacqueline,
deren Jugend mich motiviert, für sie ein kulturelles Umfeld
zu schaffen, in dem sie nicht aufgrund ihres Geschlechts
gering geachtet oder zurückgedrängt werden.

Es ist ein großer Segen für mich, diese Weggefährtinnen um mich zu
haben. Ich bete darum, dass wir, jede für sich und alle miteinander,
dem Ruf Gottes für unser Leben folgen.

Marilyn B. Smith

Inhalt

Neues Nachdenken eröffnen!

Die Rolle der Frau in der Gemeinde – über Jahrzehnte war das für viele Christen ein umstrittenes und allzu oft auch notvolles Thema. Hart wurde um die Frage gerungen, ob es nach biblischen Maßstäben Frauen in der Verkündigung und in leitender Verantwortung geben darf. Nicht alle Christinnen, die sich in den haupt- oder ehrenamtlichen Dienst im Reich Gottes berufen wussten, erlebten den traditionellen Ausschluss aus der Leitungsverantwortung für sich persönlich als existentiellen Konflikt. Viele fanden ihren Platz, an dem sie mit großer Freude und ohne das Gefühl der zwangsweisen Beschränkung einen ebenso segensreichen wie erfüllenden Dienst taten. Andere allerdings fügten sich nur gegen heftigen inneren Widerstand den Gegebenheiten, die eine Leitungstätigkeit nicht zuließen. Wieder andere kämpften in einer Reihe mit vielen Männern engagiert gegen die Ungleichbehandlung.

Heute scheinen diese Auseinandersetzungen im Raum der Kirche weit weg und fast schon unwirklich. Mit Ausnahme weniger Freikirchen und einiger Inseln des innerkirchlichen Pietismus finden sich Frauen in kirchen- und gemeindeleitenden Gremien ebenso selbstverständlich wieder wie auf landeskirchlichen Kanzeln und zunehmend auch auf Bischofsstühlen. Wenngleich das im Kontext der weltweiten Christenheit, insbesondere gegenüber den katholischen und orthodoxen Kirchen, nach wie vor eine Ausnahmesituation darstellt, ist der Zug der Zeit bei uns weitergefahren und hat unwiederbringlich neue Fakten geschaffen. Allerdings muss, auch auf die Gefahr heftiger Angriffe aus den Reihen derer hin, die um den Erfolg der Revolution bangen, die Frage erlaubt sein, wie es zu dieser neuen Situation kam. Und da wird die Antwort lauten müssen, dass insgesamt einfach der emanzipatorische Zeitgeist von der Kirche Besitz ergriffen hat und theologischer Widerspruch nicht gewünscht war. Zugleich stellt die kritische Theologie dem Ausleger, der doch eine theologische Rechtfertigung des Sinneswandels sucht, ein reiches Instrumentarium exegetischer Methoden zur Verfügung, das es erlaubt, unliebsame Schriftstellen zu eliminieren.

Allerdings darf aus diesem verfehlten Werdegang nicht der

Gegenschluss gezogen werden, dass die Verteidiger des herkömmlichen Verständnisses und der herkömmlichen Praxis automatisch das biblische Wort auf ihrer Seite haben. Denn auch sie müssen sich fragen lassen, ob sich ihr Verständnis unmittelbar und zwingend aus dem biblischen Wort ableiten lässt oder ob hier nicht vielfach überkommene Ordnungen unreflektiert mit dem Attribut „biblisch" versehen werden. Wo überhaupt die Bereitschaft besteht, über dieses Thema in ein neues biblisch-theologisches Nachdenken einzutreten, beschränkt sich die Argumentation allzu oft auf wenige einschlägige Schriftstellen, die in unreformatorischer Weise aus der neutestamentlichen Gesamtaussage herausgelöst werden.

In bemerkenswertem Kontrast dazu gibt es seit der Frühzeit des Pietismus Frauen in Leitungsverantwortung sowie im Verkündigungsdienst. Denken wir nur an die gesegnete Arbeit vieler Missionarinnen, Diakonissen und Verkündigerinnen im Kindergottesdienst. Oft werden recht abenteuerliche theologische Konstruktionen bemüht, um diese Verkündigungs- und Leitungstätigkeiten von dem Predigtdienst der Pastorinnen abzugrenzen: Predigt ja, aber nicht vor Männern – Lehre ja, aber nicht im Sinne der Lehrentscheidung – Verkündigung ja, aber nicht vor Erwachsenen. Sind diese Konstruktionen biblisch, oder dienen sie schlichtweg der Rechtfertigung lieb gewordener Ordnungen, die eigentlich im Widerspruch zur eigenen Lehre stehen? Auch hier braucht es vielfach eine Rückkehr zum reformatorischen *sola scriptura*.

Als evangelikale Christen können wir weder einfach auf den emanzipatorischen Zug des Zeitgeistes aufspringen oder uns der kritischen Bibelauslegung beugen, noch können wir an Erkenntnissen und Ordnungen festhalten, die zwar fromm erscheinen, aber doch der Prüfung am biblischen Text nicht standhalten. Stattdessen wollen wir uns ganz neu den Herausforderungen des biblischen Wortes stellen. Dazu muss der Heilige Geist unser Denken frei machen, damit wir neu sehen und verstehen können, was wir bereits meinten verstanden zu haben.

Dem dazu nötigen Nachdenken hat sich die Kommission für Frauenfragen der Weltweiten Evangelischen Allianz (World Evangelical Fellowship, WEF) gestellt. Nach Abschluss des Diskussionsprozesses wurde Marilyn B. Smith beauftragt, das Ergebnis der gemeinsamen Arbeit zusammenzufassen. Die so entstandene Schrift

„GENDER OR GIFTEDNESS?" liegt hiermit nun auch in deutscher Fassung vor.

Marilyn B. Smith setzt an bei der Erkenntnis, dass viele Frauen ganz offensichtlich die Gabe der Leitung und Verkündigung haben, und stellt sich der Frage: Kann es sein, dass Gott Gaben gibt und zugleich ihren Gebrauch in der Gemeinde verbietet? Damit öffnet sich bereits der Horizont, in dem das ganze Problem bedacht werden muss. Worüber hier nachgedacht wird, ist kein Frauenthema, sondern ein Thema der ganzen Gemeinde. Es geht nicht darum, den in die Leitung drängenden Frauen nachzugeben und ihnen mehr Rechte zu gewähren, es geht nicht um Proporzdenken und Frauenquoten: Es geht darum, den Willen Gottes für seine Gemeinde herauszufinden.

Wenn wir uns diesem schwierigen Prozess entziehen, wird es evangelikalen Christen in dieser Frage ebenso ergehen wie in manchen anderen Bereichen der biblischen Lehre und Ethik leider auch: Wir machen alles so wie alle anderen auch – nur zwanzig Jahre später als die Gesellschaft und fünfzehn Jahre später als die liberalen Kirchen.

Das darf nicht geschehen. Entweder Gottes Wort verbietet der Frau eindeutig Leitungsfunktionen und Predigtdienste in der Gemeinde. Dann gilt das in alle Ewigkeit, und wir müssen uns daran halten, auch wenn der Rest der Welt mit purem Entsetzen reagiert. Oder der lebendige Herr zeigt uns durch sein Wort, dass Frauen ebenso wie Männer zu diesen Diensten berufen sein können. Dann müssen wir geradezu Vorreiter sein, die Frauen auch mit ihren Leitungsgaben in die Gemeinde einzubinden.

Der Hauptvorstand der Deutschen Evangelischen Allianz möchte im Sinne des oben Gesagten ein neues Nachdenken eröffnen und empfiehlt dazu das vorliegende Dokument der WEF-Frauenkommission einer breiten Öffentlichkeit.

Dieses Buch beantwortet nicht alle Fragen und löst nicht alle Probleme. Das kann es nicht, und das soll es auch nicht. Aber es schlägt wichtige Schneisen und eröffnet damit Leserinnen und hoffentlich auch vielen Lesern einen Raum zum Gespräch und zum Nachdenken.

Marilyn B. Smith erspart sich und uns nicht die Begegnung mit den herausfordernden, immer wieder ge- und missbrauchten Bibelstellen. Aber sie stellt sie in den Zusammenhang der völlig neuen Zuordnung der Geschlechter, die Jesus Christus vorgenommen hat, und zeigt von daher ihre besondere Brisanz.

Im Rahmen der Evangelischen Allianz ist Raum für viele unterschiedliche Erkenntnisse in nicht heilsrelevanten Fragen. Zugleich sind wir unlöslich darin verbunden, dass wir Antworten auf Fragen des christlichen Glaubens und Lebens nirgends suchen als allein im Wort Gottes, so wie es uns in den Schriften des Alten und Neuen Testaments gegeben ist. Diese Leidenschaft für die Bibel wird der Leser auch in den Zeilen von Marilyn B. Smith finden und es von daher leicht verschmerzen können, wenn er in diesem und jenem Punkt anderer Ansicht ist.

Rudolf Westerheide,
Referent der Deutschen Evangelischen Allianz

Im Einklang mit dem Willen Gottes?

Der Bedarf an Studienmaterial zur Rolle der christlichen Frau in Familie, Kirche und Gesellschaft wurde auf der Konferenz der Kommission für Frauenfragen der Weltweiten Evangelischen Allianz (World Evangelical Fellowship, WEF) 1992 in Manila deutlich zum Ausdruck gebracht. Als die Delegierten aus der ganzen Welt über die Situation der Frauen in ihren Ländern berichteten, stellte sich heraus, dass die Bedürfnisse zwar unterschiedlich stark ausgeprägt waren, aber dass sie stets in den Bereichen Ausbildung, Ermutigung und Anleitung lagen.

Sobald diese Bedürfnisse erkannt waren, konnte auch geklärt werden, welche Ressourcen nötig sind, um sie zu erfüllen, und welche Hindernisse dem entgegenstehen. Anschließend wurden von der Kommission spezielle Programme auf den Weg gebracht, um sich der elementaren Anliegen dieser Frauen im Einzelnen anzunehmen.

Im Austausch über den Bereich der Bildung wurde deutlich, dass die Anfragen hier von Lese-Lernprogrammen in einigen Teilen der Welt bis hin zu Weiterbildungskursen für das gehobene Management in anderen Teilen der Welt reichten. Es wurde auch deutlich, dass die traditionelle kirchliche Auffassung, Frauen stünden unter der Autorität der Männer und sollten sich ihnen deshalb unterordnen, ein unüberwindbares Hindernis für Frauen darstellt, sich die in ihrem jeweiligen kulturellen Umfeld verfügbare Bildung anzueignen. Christliche Frauen, denen es trotzdem gelingt, diese Bildungschancen für sich wahrzunehmen, erhalten häufig auch innerhalb ihrer Kirche keinen Freiraum, die erworbenen Kenntnisse sinnvoll einzubringen. Wenn Männer an den Schaltstellen der Entscheidungsgewalt sitzen, bleibt die freie Nutzung vorhandener Bildungsmöglichkeiten durch Frauen auf das beschränkt, was Männer ihnen zugestehen – dies gilt sowohl für Analphabetinnen als auch für Frauen, die auf der Suche nach Management-Trainingsprogrammen sind.

Es schien daher angebracht, die neu geschaffenen Bildungsprogramme durch Studienmaterial zu ergänzen, das sowohl Männern als auch Frauen hilft, die traditionellen Lehrmeinungen zur Rolle der Frau neu zu überdenken.

Damit Frauen aus dem Kreislauf der Armut und Ausbeutung ausbrechen können, muss unmissverständlich deutlich gemacht werden, dass ihre Bemühungen mit dem biblischen Zeugnis zu vereinbaren sind.

Wenn christliche Männer Frauen Mut machen wollen, in neuen Dienstbereichen aktiv zu werden, müssen auch die Männer ganz sicher gehen, dass sie fest auf dem Fundament der Heiligen Schrift stehen.

Das folgende Arbeitsmaterial wurde zusammengestellt, um dem Bedürfnis nach fundierten Kenntnissen in diesem Themenbereich Rechnung zu tragen. Die Stellung der Frau innerhalb der Gemeinschaft der Gläubigen wird aus der Perspektive geistlicher Gaben betrachtet. Die zentralen Fragen lauten daher:

Bestimmt das Geschlecht einer Person deren Dienst im Reich Gottes?
Entwickelt sich der Dienst aus Berufung und Begabung?
Auf welcher Grundlage und nach welchen Kriterien suchen wir die Antworten?

Wir bieten dieses Material den Frauen an, die sich danach sehnen, ihrem Herrn und Gott mit Begeisterung, Hingabe, Leidenschaft und all ihren Gaben zu dienen, in der Hoffnung, dass in Kirchen, Gemeinden, christlichen Werken und Organisationen Frauen und Männer zu neuem Miteinander finden. Und wir bieten dieses Material Männern an, die bereit sind, sich dem Willen Gottes in der Frage des Dienstes offen zu stellen.

Im Mai 1997   Die Kommission für Frauenfragen der Weltweiten
                Evangelischen Allianz:

Winnie Bartel, USA, seit 1997 Vorsitzende der Frauenkommission
    der WEF
Mary Thabet Bassili, Ägypten, Leiterin der Frauenarbeit der Ev.
    Allianz Ägypten
Dorothy Dahlman, USA, Pädagogin, Frauenarbeit der schwedischen
    baptistischen Union
Leoncia de Jesus, Philippinen, Frauenarbeit der Alliance World
    Fellowship

Margaret Jacobs, Australien, Mitglied der Leitung der Ev. Allianz
Australien

Ingrid Kern, Pädagogin, Leitung der Frauenkommission der WEF
bis 1997

Magda Ksenija, Kroatien, Theologin, Frauenarbeit des Baptisten-
bundes und der Ev. Allianz

Judy Mbugua, Kenia, Afrika-Leiterin der PACWA-Frauenarbeit

Leela Manasseh, Indien, Theologin, Leiterin der Frauenarbeit in
Asien und Indien

Akiko Minato, Japan, Professorin für Theologie

Eva Sanderson, Sambia, Bürgermeisterin in Kitwe, Frauenarbeit in
Afrika

Marilyn B. Smith, Kanada, Vizepräsidentin der Theologischen
Hochschule Toronto

Olive Taylor-Pearce, Sierra Leone, Dozentin für Theologie,
Frauenarbeit PACWA

Lucett Thomas, Costa Rica, Juristin, Frauenarbeit Costa Rica und
Gesamt-Lateinamerika

Mariana Valarezo, Ecuador, Pädagogin, Frauenarbeit Ecuador und
Gesamt-Lateinamerika

Blossom White, Jamaika, Professorin für Psychologie, Frauenarbeit
Karibische Inseln

Beatriz Zapata, Guatemala, Leiterin der Frauenkommission der
WEF bis 1992

Prolog

Die Bibel beruft uns zu einer Vision – einer Vision des Lebens unter der Königsherrschaft Gottes. Was verstehen wir darunter? Es gibt sicher viele Bilder, die uns – wenn auch immer nur unvollkommen – deutlich machen können, wie das Leben im Herrschaftsbereich Jesu Christi aussehen kann. In der Schrift begegnet uns das Bild eines Leibes, dessen Glieder zusammenarbeiten, um Wachstum und Gedeihen zu ermöglichen. Dabei leistet jedes Glied seinen Beitrag gemäß der ihm zugedachten Aufgabe. Die Schrift bezeichnet uns auch als *ein* Volk, *eine* heilige Nation, *eine* Gemeinschaft der Glaubenden, die gemeinsam anbetet, lernt und dient. In dieser Studie wird Ihnen eine Frage gestellt, auf die Sie für sich persönlich eine Antwort finden müssen:

Welche Voraussetzungen sind nötig, um Dienste und Leitungsaufgaben in der Gemeinde zu übernehmen?

Die wichtigste Grundlage für Dienst und Leitung in dieser Gemeinschaft ist natürlich die Zugehörigkeit zur Gemeinde der Glaubenden. Das Fundament der Zugehörigkeit ist die Erlösung durch Jesus Christus. In dieser Studie ist die Erlösung die Sichtweise, die die Auslegung jener Schriftstellen maßgeblich prägen soll, in denen die Voraussetzungen für Dienst und Leitungsaufgaben in der Kirche angesprochen werden. Mit diesem Ansatz möchte die vorliegende Studie die Vision einer Gemeinschaft entwickeln, die Christus uns als Anlass zur Freude zugedacht hat, sowie einige Hilfen anbieten, mit deren Unterstützung wir diese Vision in die Wirklichkeit umsetzen können.

Unser Wunsch ist, dass durch dieses Arbeitsbuch sowohl Männer als auch Frauen die Freiheit finden, auf die Berufung Gottes mit ihrem Leben zu antworten, ihre Gemeinde zu einem dynamischen und lebendigen Leib Christi aufzubauen und dann gemeinsam daran zu arbeiten, die gesellschaftlichen Wertmaßstäbe in Frage zu stellen, durch die Menschen, die Christus doch schon längst freigemacht hat, ungerecht behandelt oder unterdrückt werden, sei es aufgrund ihrer Volks-, Klassen- oder Geschlechtszugehörigkeit.

Wir hoffen, dass Frauen und Männer sich der Herausforderung stellen, in der Kraft des Heiligen Geistes vorwärts zu gehen und im Namen Christi die Berufung Gottes in ihrem jeweiligen kulturellen Umfeld zu leben.

Im Juni 1999   Marilyn B. Smith und Ingrid Kern

Einführung

*Die Herausforderung liegt in der Einsicht,
dass wir unsere Sichtweisen neu überdenken müssen.*

1. Gründe für diese Studie

Die Herausforderung, die traditionelle Auslegung der biblischen Aussagen in Bezug auf Frauen – und speziell auf ihre Leitungsaufgaben innerhalb der christlichen Kirchen – neu zu überdenken, ergibt sich aus den ernst gemeinten und kritischen Anfragen, denen sich die Kirche immer wieder stellen muss.

Manche dieser Fragen entspringen dem großen öffentlichen Interesse an der weltweiten Situation von Frauen und Kindern. Warum lässt es die Kirche zu, dass Missbrauch und Ausbeutung weiter praktiziert werden (selbst in ihren eigenen Reihen), und warum bringt sie jene zum Schweigen, die solche Missstände an die Öffentlichkeit tragen wollen, um die Lage der Betroffenen zu verbessern?

Andere Überlegungen ergeben sich aus der Tatsache, dass die Stellung der Frau in beinahe allen Kulturkreisen im Wandel begriffen ist. Veränderung geht stets mit Unruhe einher, und die Reaktionen darauf können ganz unterschiedlich ausfallen. Manche Menschen nehmen Veränderungen mit offenen Armen auf. Andere stehen völlig verblüfft daneben, wieder andere widersetzen sich dem Neuen. In diesen beiden Fällen überwiegt Unsicherheit. Viele christliche Frauen leiden an der Spannung zwischen den Aufgaben, zu denen sie sich von Gott begabt und berufen wissen, und dem tatsächlichen Gestaltungsspielraum, den ihnen die Kirche zugesteht. Wie sollte die Kirche in diesen Zeiten des Umbruchs reagieren?

Andere Fragen tauchen auf, wenn Forschungen von Theologen und Theologinnen nicht nur Voreingenommenheiten, sondern auch eindeutige Fehlleistungen bei Bibelübersetzungen aufdecken, die über lange Zeit hinweg unser Verständnis der biblischen Lehre von der Rolle der Frau geprägt haben. Wie gehen die Kirchen mit den unterschiedlichen und häufig widersprüchlichen Auslegungen der vielen Bibelstellen um, in denen es um Frauen geht?

Wie REBECCA MERRILL GROOTHUIS in „GOOD NEWS FOR WOMEN" ausführt, *akzeptierten die Kirchenväter der frühen Kirche, dass Junia, die von Paulus zusammen mit Andronikus als „unter den Aposteln ausgezeichnet" gelobt wird, zugleich Apostel und eine Frau war. Gelehrte späterer Generationen versuchten jedoch allen Ernstes darzulegen, Junia sei entweder keine Frau gewesen oder – falls sie es doch war – sie konnte eben kein Apostel, sondern nur von den Aposteln besonders geschätzt gewesen sein. Hierbei gingen sie von der vorgefassten Meinung aus, dass nur ein Mann Apostel sein konnte. Damit der Text ihrer Lehrmeinung entsprach, änderten manche Übersetzer den Namen dieser Frau kurzerhand in Junias.*[1]

Wiederum andere Fragen entspringen dem Studium der Kirchengeschichte, die zeigt, wie die Kirche seit ihren Anfängen ihre Ansichten über den Wert der Frau immer wieder geändert hat (siehe Abschnitt: Offenlegen der kulturellen Einflüsse).

Frauen wollen und müssen wissen, ob sie auf den Ruf Gottes für ihr Leben hören können und sich dabei im Einklang mit der biblischen Lehre befinden. Sie müssen erfahren, wie sie die Geltung der Schrift wahren und zugleich ihre Gaben zur Auferbauung anderer Menschen innerhalb ihrer christlichen Gemeinde einsetzen können.

Aus diesem Spannungsfeld ergibt sich die Notwendigkeit, klarzustellen, was die Schrift wirklich über die Stellung der Frau sagt, um dann eindeutige Kriterien für Leitungsaufgaben innerhalb der Kirche zu formulieren.

2. Ziel dieser Studie

Ziel dieses Arbeitsmaterials ist es, die Kirchen bei der Entwicklung einer sachgerechten Sichtweise zu unterstützen, die klare Aussagen darüber ermöglicht, wo und wie sich Frauen in der christlichen Gemeinde einsetzen können, ohne die Einheit der Gemeinde und die Gültigkeit der Bibel zu gefährden. Sämtliche Überlegungen gelten selbstverständlich auch für Frauen und ihren Platz in christlichen Werken oder Organisationen.

Die meisten Christen haben den aufrichtigen Wunsch, auf Gottes Wort zu hören. Diese Haltung führt sie früher oder später auch in die Auseinandersetzung, welche angemessenen Aufgaben Frauen in der Kirche ausüben können, die von einem tiefen Bedürfnis, den Willen Gottes zu suchen, motiviert sind. Meist sind wir uns jedoch nicht darüber im Klaren, dass wir neben diesem aufrichtigen Wunsch noch zwei weitere Dinge im Gepäck haben, die unsere Fähigkeit, Gottes Willen zu erkennen, beeinträchtigen.

Da ist zunächst ein von unserem grundsätzlichen Verständnis der Bibel geprägter Rahmen – vergleichbar einem Fenster, durch das wir die biblische Botschaft wahrnehmen, verstehen und auslegen. Häufig haben wir uns dieses Rahmenwerk nicht bewusst gewählt, aber es ist dennoch vorhanden. Womöglich sehen wir die Schrift stets durch das „Fenster" der Schöpfung, des Sündenfalls, der Erlösung, des Himmels, der persönlichen Erfahrung oder der politischen Bedingungen. Aber wie dieses „Fenster" auch immer beschaffen sein mag: Erst indem wir es gründlich untersuchen, können wir uns darüber klar werden, wie es unsere Sichtweise und damit auch unsere Auslegung der biblischen Botschaft beeinflusst.

Viele Autoren beginnen ihren Versuch, die Aussagen der Schrift zur Stellung der Frau darzustellen, sofort mit der Betrachtung einiger relevanter Schriftstellen. Diese Methode birgt zwei Gefahren: Einerseits wird die Auswahl der relevanten Schriftstellen häufig gemäß der bereits vorgefassten Meinung des Autors getroffen, andererseits scheint die Schrift häufig genau die Aussagen zu bestätigen, die wir von ihr erwarten. Es ist nicht leicht, wirklich unvoreingenommen und offen für neue Gedanken zu bleiben und auch Erkenntnisse zuzulassen, die nicht einfach nur unsere Ansichten bestätigen.

Wir müssen bewusst machen, dass dieses Fenster, *durch das hindurch* wir einen Text betrachten, entscheidend mit darüber bestimmt, was wir in dem Text erkennen. Die Fragen, die wir bei der Betrachtung des Texts *mitbringen,* bestimmen darüber, was wir dem Text *entnehmen* werden.

Ein getrübtes „Fenster" kann uns blind für die Wahrheit machen. Die Kirche sah sich im Licht neuen Beweismaterials schon oft gezwungen, grundsätzlich in Frage zu stellen, was sie über Jahrhunderte als göttliche Wahrheit gelehrt hatte. Das Thema Sklaverei ist ein einleuchtendes Beispiel dafür, dass die Kirche nicht immer im Recht gewesen ist. W. Ward Gasque schreibt in einem Artikel über die Rolle der Frau in Kirche, Gesellschaft und Familie:

Bis zur Mitte des 19. Jahrhunderts waren die meisten Christen davon überzeugt, die Sklaverei sei eine gottgewollte Einrichtung, weil Paulus mit Nachdruck sagt, dass die Sklaven ihren Herren gehorchen sollen! Einige wenige Aussagen von Petrus und Paulus wurden damals der kleinen Schar vorausschauender Christen und anderen Visionären als „Beweismaterial" entgegengehalten, in deren Augen die Sklaverei ein Angriff auf Würde und Wert des Menschen als Geschöpf zum Bilde Gottes war.[2]

Indem sie die Schrift durch das Fenster der politisch-wirtschaftlichen Bedingungen betrachteten, sahen sich Christen darin bestärkt, dass die Sklaverei von Gott angeordnet sein musste.

Traditionen sind das zweite Hindernis, das uns vom Erkennen der Wahrheit Gottes abhalten kann. Das eigene kulturelle Umfeld übt einen starken Einfluss aus, wobei dieser von Ort zu Ort und von Zeit zu Zeit verschieden stark ausgeprägt sein kann. Wenn die geistlich-kulturelle Prägung der Kirche auf die kulturellen Traditionen der sie umgebenden Gesellschaft trifft, muss es zwangsläufig zu Konflikten kommen. In solchen Fällen zieht sich die Kirche oft hinter die alten Grenzlinien zurück und zementiert ihre Position, anstatt die eigene Praxis durch die jeweilige Kultur in Frage stellen zu lassen.

Ein anschauliches Beispiel für die Weigerung der Kirche, auf wissenschaftliche Beweise hin ihre etablierte Lehrmeinung aufzugeben, war die Exkommunikation Galileo Galileis, als er die Auffassung vertrat, die Erde sei rund und nicht flach (wie es die traditionelle kirchliche Lehre darstellte). Die Kirche brauchte dreihundertfünfzig Jahre, um ihren Fehler zuzugeben und Galilei zu rehabilitieren. Es gibt Zeiten, in denen die Kirche dazu herausgefordert werden muss, ihre Theologie und ihre Traditionen neu zu überdenken. Eine solche Herausforderung kann eine Chance sein, die Wahrheit vertieft zu erkennen.

Wird die Stellung der Frau in der Kirche aber als rein kulturelle Frage angesehen, könnte einer von der Kirche gebilligten Änderung der bisherigen Praxis entgegengehalten werden, dass die Kirche ihre Theologie von der Kultur fremdbestimmen ließe. Wird die Stellung der Frau dagegen als theologische Frage verstanden, die auf das Drängen gesellschaftlicher Einflüsse hin von der Kirche neu überdacht wird, so kann auch hier die biblische Wahrheit die Oberhand über die Tradition gewinnen.

Ziel dieser Studie muss es demnach sein, eine geeignete Bezugsgröße für die Auslegung der Schrift zu finden, um die Debatten über Detailfragen zu beenden und sich auf die Grundlagen des Dienstes am Leib Christi zu konzentrieren. Folglich müssen einzelne Fragestellungen, etwa zu widersprüchlichen Begriffsdefinitionen (z. B. „Kopfbedeckung", „Schweigen", „Autorität"), zu der „Machtverteilung zwischen Männern und Frauen" oder „Hierarchie gegen Gleichheit" zurückgestellt werden, bis klare biblische Kriterien für weitere Untersuchungen eingeführt worden sind.

Sobald dieser Rahmen abgesteckt ist, können Prinzipien ermittelt und in den verschiedenen Kontexten, in denen die Kirche lebt, angewandt werden. Sobald eine Vision bzw. ein Prinzip feststeht, ist es Sache jedes Einzelnen und jeder Kirche zu fragen: „Wie können wir in unserem kulturellen Umfeld diesem Prinzip entsprechen, welche Themen müssen wir anpacken, und welche konkreten Schritte müssen wir gehen?"

3. Vorbemerkungen zur Auslegung[3]

Bevor ein geeignetes Rahmenwerk oder „Fenster" für die Auslegung der Schriftstellen über Frauen gefunden wird, muss geklärt werden, welche grundlegenden Prinzipien der Auslegung für diese Studie gelten sollen. Die Kommission für Frauenfragen erklärt hiermit, dass die hier vorliegende Auslegung auf folgenden theologischen Voraussetzungen beruht:

1. Respekt vor der Schrift bedeutet, dass kein Text von vornherein als bedeutungslos abgetan werden darf.
2. Der Kontext und die jeweilige konkrete Situation müssen berücksichtigt werden, wenn wir verstehen wollen, warum die Schrift zu verschiedenen Zeiten unterschiedliche Aussagen macht.
3. Jesus kam, um die Macht und die Verhaltensmuster der Sünde in unserer Welt zu überwinden.
4. Was Paulus schreibt, stimmt mit seiner Praxis überein.
5. Die frühe Kirche begann, die frohe Botschaft des Evangeliums in angemessener Weise vorzuleben.

6. Wir sind aufgerufen, die zentralen Aussagen der Schrift gründlich zu erforschen und ihre Bedeutung für unsere Zeit sorgfältig herauszuarbeiten.

7. Die Botschaft des Evangeliums bleibt zeitlos gültig, auch wenn bei ihrer Umsetzung in unterschiedlichen Kulturen andere Schwerpunkte gesetzt werden müssen.

Fragen zum Diskutieren und Nachdenken

1. Warum befassen Sie sich mit dieser Studie? Welche Gedanken und Fragen bringen Sie in diese Diskussion mit ein? Wenn Sie diese Studie allein durcharbeiten, notieren Sie sich die Gedanken und/oder Fragen zur späteren Verwendung. Wenn Sie in einer Gruppe arbeiten, äußern Sie Ihre Gedanken/ Fragen unbedingt in der Gesprächsrunde. Sie werden später sicher darauf zurückkommen wollen.

2. Wie sieht Ihre momentane Zielvorstellung hinsichtlich des gemeinsamen Dienstes von Männern und Frauen in Kirche, Familie und Gesellschaft aus?

3. Wie würden Sie den Ruf Gottes und die Einschränkungen durch die Kirche miteinander in Einklang bringen?

4. Worin sehen Sie persönlich die Voraussetzungen für den Dienst am Leib Christi?

5. Beschreiben Sie, wie in Ihren Augen eine ideale Gemeinschaft aussieht!

6. Welche Inkonsequenzen sehen Sie in den Lehrmeinungen zum Thema Frauen?

7. Was würden Sie Menschen entgegnen, die im Bemühen um die Gleichstellung der Frauen die Schrift als patriarchalisch und darum als irrelevant für die heutige Zeit abtun?

Überprüfen der Sichtweisen

Die Herausforderung liegt darin,
die Rahmenbedingungen zu erkennen,
die unsere Sichtweise bestimmen.

1. Auf der Suche nach einer biblischen Sichtweise

Jedes Hinterfragen der biblischen Wahrheit *muss* ernst genommen und gründlich beantwortet werden. Es gibt Christen, die stur auf ihrer „traditionellen" Lehrmeinung beharren, ohne sich ernsthaft den Widersprüchen in ihrer eigenen Lehre und Praxis zu stellen. Andere wiederum legen die Schrift nur aufgrund ihrer persönlichen Erfahrungen aus und kommen so zu dem Schluss, dass schon allein die Erfahrungen der weiblichen Existenz dazu zwingen, die Heilige Schrift zu ignorieren, weil sie patriarchalisch und deshalb für die heutige Zeit nicht mehr von Bedeutung sei.

Beide Positionen lassen die notwendige Achtung vor der Schrift vermissen. Stattdessen müssen wir an die Texte der Schrift mit offenen Augen und Ohren herangehen, um Gottes Botschaft für die heutige Kirche zu hören. Wir müssen uns auf die Suche nach klaren biblischen Leitlinien machen, die Gottes Prinzipien deutlich machen, anstatt uns unreflektiert auf Traditionen zu berufen oder die ganze Schrift als bedeutungslos zu verwerfen.

Wir, die wir um einen angemessenen Umgang mit der Schrift ringen, müssen

zulassen, dass unsere Kultur unsere Sichtweisen in Frage stellt,
aber nicht festlegt;
zulassen, dass Traditionen uns Kenntnisse weitergeben,
aber nicht einengen.

Den Ausgangspunkt unserer Studie bildet dabei das Verstehen der zentralen biblischen Botschaft und die Erarbeitung eines Bezugsrahmens, der dieser Botschaft gerecht wird.

Vom ersten Buch Mose an bis zur Offenbarung des Johannes zieht sich dieses Thema wie ein roter Faden durch die Schrift, dass Gott die Menschen erschaffen hat und sie immer wieder zu einer

persönlichen Beziehung mit ihm einlädt, damit sie ihn im Geist und
in der Wahrheit anbeten und ihrem Gott und einander in Liebe
begegnen. Die folgende Abbildung stellt in einem heilsgeschichtli-
chen Überblick die Geschichte Gottes mit den Menschen dar.

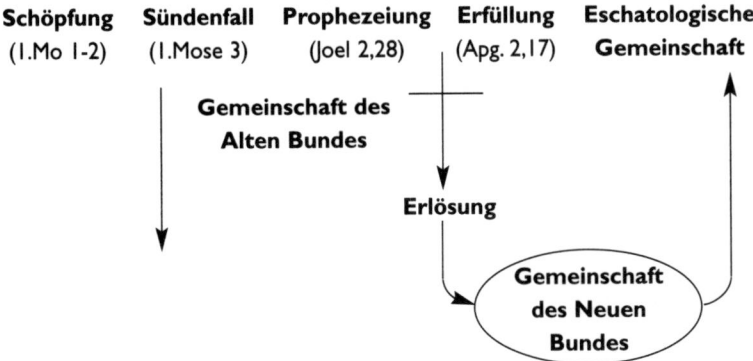

In den Kapiteln 1 und 2 des ersten Buchs Mose wird die *Schöpfung*
beschrieben:
Gott hatte eine Liebesgemeinschaft im Sinn, als er die Menschen
schuf. Mann und Frau sind unterschiedlich und bilden doch eine
Einheit. Der Unterschied besteht in der Unterscheidung der Geschlechter: Mann und Frau. Die Einheit liegt ebenfalls klar auf der
Hand: Aus „einem Fleisch" werden zwei Geschöpfe gemacht. Und
in einer Einheit kann es keine Hierarchie geben. Das Bildwort des
„Ein-Fleisch-Seins" schließt dies aus.[1]

Kapitel 3 dieses Buchs beschreibt den *Sündenfall,* der zur Herrschaft
der Sünde führte:
Als die Sünde kam, zerbrach als Erstes die Einheit. Adam und Eva
versteckten sich vor Gott und voreinander, sie weigerten sich, die
Verantwortung für ihre Taten zu übernehmen, sie wurden zu
Herrscher und Untertanin. Das war die Zerstörung der
Gemeinschaft. Die Gleichrangigkeit ihrer Beziehung ging verloren.[2]

Die weiteren Kapitel des Alten Testaments beschreiben Gottes Umgang mit Seinem rebellischen Volk und die Abfolge verschiedener

„Bundesschlüsse" mit diesem Volk, die Christen allgemein unter dem *Alten Bund* " zusammenfassen. Mit dem Turmbau in Babylon schritt die Zerstörung weiter voran. Abraham sollte zum Vater einer Familie (Gemeinschaft) werden, aber diese Gemeinschaft verlor ihre Identität als Nation und wurde zu einem versklavten Volk. Dann berief Gott Mose, um sie aus der Sklaverei zu führen, damit sie wieder eine Nation würde, eine Gemeinschaft mit Jahwe als ihrem Gott, ein Königreich von Priestern, die nur Gott verantwortlich waren und einander dienen sollten. Gott schickte ihnen Richter, um sie zu ihm zurückzurufen, aber sie verlangten nach Königen. Doch dies endete in der Teilung des Königreichs und einem neuerlichen Fall. Wieder einmal zerbrach die Gemeinschaft.[3]

Doch Gott hörte nicht auf, sein Volk in eine Beziehung zu Ihm einzuladen. Die Propheten kündigten Neues an, das Gott für sein Volk tun wollte; und der Prophetenspruch des Joel bestätigte, dass nach der Ausgießung des Heiligen Geistes auch Frauen auf ganz neue Weise mit einbezogen werden sollten.

Im Neuen Testament tritt dann Christus auf und bringt in seiner Person *Erlösung* und den *„Neuen Bund"*: Er begründete eine neue Gemeinschaft, eine königliche Priesterschaft, seinen Leib. Er war der Schöpfer des Lebens. Durch seinen Tod wurde diese Gemeinschaft ins Leben gerufen. Aber bevor er starb, zeigte er in seinem Leben beispielhaft die neue Art der Gemeinschaft auf, in der wir nun leben sollen. Er betete um Einheit. Er sprach von *einer* Herde, *einem* Leib.[4]

Eindeutig erwartet Gott, dass wir daran arbeiten, hier und heute diese Art der Gemeinschaft zu schaffen. Die Bücher des Neuen Testaments führen uns vor Augen, wie Christen mit der Hilfe des Heiligen Geistes in ihrer Glaubensauffassung, ihrem Lebensstil und ihren Beziehungen heute schon reifen sollen, damit sie immer deutlicher die ewige Gemeinschaft widerspiegeln, an der wir uns endgültig freuen dürfen, wenn Christus wiederkommt.

Männer und Frauen sind zur Gemeinschaft mit Gott und miteinander geschaffen. Sie sind dazu erwählt, eine heilige Nation zu sein, ein königliches Priestertum. Sie sind dazu erlöst und befreit, gemeinsam den Leib Christi zu bilden. Sie sollen hier auf der Erde in Gemeinschaft, Harmonie und Einheit leben, mit Christus als dem

Haupt. Sie sind aufgefordert, sich innerhalb dieser Gemeinschaft des Glaubens in Liebe einander unterzuordnen und dadurch der Welt das wahre Wesen Gottes zu zeigen. Und schließlich sind sie dazu berufen, gemeinsam mit den Heerscharen des Himmels Gott in Ewigkeit anzubeten und zu ehren.

STAN GRENZ und DENISE MUIR KJESBO formulieren dies in „WOMEN IN THE CHURCH" so:

Die „Gemeinschaft des Glaubens" ... *(soll) das Evangelium bekannt machen und in der Welt leben als Gemeinschaft der Menschen, die heute schon die kommende Herrschaft Gottes anerkennen.*[5]

Christus ist die Person, auf die das ganze Alte Testament hinzielt und aus der das gesamte Neue Testament hervorgeht. Die Erlösung durch Ihn ist schon im Alten Bund angedeutet und wird durch den Neuen Bund erfüllt. Nur die Erlösten sind das Volk Gottes, sie bilden den Leib Christi, sie erfüllen ihre Bestimmung einer persönlichen Beziehung zu Gott. Die Erlösten bilden die heilige Nation und eine königliche Priesterschaft. Nur sie können das wahre Wesen Gottes erkennbar werden lassen und haben ewiges Leben „in Christus". Weil wir für die Ewigkeit geschaffen und für die Ewigkeit erlöst sind, soll unser Leben hier auf der Erde schon das künftige Leben widerspiegeln.

Die *Erlösung* bringt Gottes Plan in seiner ganzen Fülle zum Ziel und hilft uns, beim Auslegen der Schrift den Gesamtzusammenhang im Blick zu behalten. Sie ist die einzig sinnvolle Bezugsgröße, die uns das Verstehen der Schrift ermöglicht.

Bei der Betrachtung der Stellung der Frau in der Kirche hindern uns jedoch häufig persönliche Interpretationsmuster daran, bestimmte Schriftstellen in diesen Gesamtzusammenhang einzuordnen. Wir nehmen dabei oft nur einen kleinen Ausschnitt des Ganzen wahr und sind uns dieses begrenzten Blickwinkels gar nicht bewusst, weil wir es nicht anders gelernt haben. In dieser Studie suchen wir nach einem durchgängigen und stimmigen Gesamtbild und werden dabei feststellen, wie unterschiedliche hermeneutische Ansätze zu unterschiedlichen Auslegungen führen können.

2. Untersuchung der traditionellen Sichtweise

Viele Christen sind mit einem Modell für die Beziehungen zwischen Männern und Frauen aufgewachsen, in dem selbstverständlich die Vorherrschaft der Männer und die Unterordnung von Frauen vorausgesetzt wurde. Das haben sie auch auf ihre Haltung zur Stellung der Frau in der Kirche übertragen.

Der nachfolgende Textausschnitt zeigt an einem Beispiel aus der Ethnologie, wie eine kulturelle Praxis Grundhaltungen prägen kann.[6]

FAITH MARTIN führt aus, *dass viele prägende Einflüsse in unserem Leben nicht von geschriebenen Gesetzen herrühren, sondern von erlernten Verhaltensmustern bestimmt werden, die durch schmerzhafte Erfahrungen und Zurückweisungen zustande kamen. Derartige Verhaltenskodizes prägen sich so nachhaltig ein, dass wir ihre Gültigkeit kaum je in Frage stellen. Die Autorin fordert uns dazu auf, diese kulturellen Fesseln abzuschütteln. Als Illustration dafür, dass wir einen Sittenkodex in Frage stellen sollten, der Frauen in die Unterordnung geführt hat, und dass sogar eine ganze Gesellschaft irren kann, führt Martin Volksstämme an, in denen die weibliche Beschneidung praktiziert wird. Dort kommt es beispielsweise vor, dass eine mittellose Frau, deren Überleben ohne einen männlichen Nachkommen gefährdet wäre, ihre neugeborene Tochter zu früh abstillt, damit sie schneller wieder schwanger werden kann. In solchen Kulturen trägt das Mitgift-System dazu bei, dass „Söhne der Familie Wohlstand bringen, während Töchter die Familie arm machen."*

Innerhalb solcher traditionellen Modelle sind die Aufgaben der Frauen durch ihre Geschlechtszugehörigkeit eingeschränkt, während Männer dazu ermutigt werden, sich gemäß ihren Fähigkeiten einzusetzen.

Das Patriarchat, also die soziale Ordnung, in die auch Christus hineingeboren wurde, wird von Traditionalisten als die unumstößliche christliche Sozialordnung für alle Zeiten angesehen. Weil als eine Folge des Sündenfalls Adam über Eva herrschen sollte, wird die Sünde bzw. der „Sündenfall" quasi zur bestimmenden Norm für das Zusammenleben von Männern und Frauen für alle Zeiten erhoben. Wenn wir aber die Schrift allein durch das „Fenster" des Sündenfalls betrachten und auslegen, nimmt die Herrschaft der Sünde dadurch normativen Charakter an (d.h. *Gott schreibt uns vor,* bzw. legt fest, dass wir immer weiter an den Folgen der Sünde zu leiden haben) statt deskriptiven Charakter (d.h. *Gott beschreibt* die Folgen der Sünde). Diese Haltung führt in ihrer Konsequenz dazu, diese Folgen der Sünde als von Gott für alle Zeiten festgelegt zu betrachten.

Eines der Hauptmerkmale dieser traditionellen Sichtweise ist, dass Autorität ausschließlich Männern zugestanden wird. Dies führt häufig dazu, dass die Autorität mehr in der Person des männlichen Leiters liegt als im Wort Gottes oder in der Gemeinschaft als ganzer. Unterordnung wird dann allein als Unterordnung der Frau (oder Ehefrau) unter den Mann (oder Ehemann) ausgelegt. Da Autorität und Macht bei einem Mann in seiner Leitungsposition liegt, wird jeder Versuch von Frauen, eine Gleichstellung zu erreichen, als unrechtmäßiger Eingriff in die legitime Machtstellung des Mannes und damit als Widerstand gegen den Willen Gottes angesehen, der unbedingt abgewehrt werden muss.

Dies führt entweder zur Übernahme der traditionellen Rollenverteilung zwischen Mann und Frau oder zu einem fortgesetzten Machtkampf – zwischen männlicher Vorherrschaft auf der einen und weiblicher Vorherrschaft auf der anderen Seite. Da nur wenige Menschen heute einem der beiden Extreme zuneigen, wird der Idealzustand mehr oder weniger in einer Art Gleichgewicht zwischen beiden Extremen gesehen.

Zu dieser Sicht gehören Begriffe wie Autorität, Führungsposition, Entscheidungsgewalt, Macht, Weisungsbefugnis oder Herrschaft. Dabei wird Autorität als eine Autorität „über" jemanden verstanden, der er sich unterzuordnen hat.

Da die einzige Koordinate dieses Modells „Vorherrschaft" ist, führt jeder Versuch, die Stellung der Frau innerhalb dieses Modells neu zu definieren, letztlich zu einer Neuauflage des angesprochenen Machtkampfes. Manche unternehmen den Versuch, das Gleichgewicht von der männlichen Vorherrschaft ein Stück weit in Richtung Gleichheit zu verschieben, oder versuchen gar, als Gegengewicht zur bestehenden männlichen Vorherrschaft den Schwerpunkt in den Bereich der weiblichen Vorherrschaft zu verlagern.

Aber wo auch immer das Gewicht angesetzt wird, es kann nur durch die ständige Spannung zwischen beiden Extremen aufrecht erhalten werden. Wenn die eine Seite ein Stück nachgibt, gewinnt die andere Seite an Boden und umgekehrt. So werden Männer und

Frauen auf gegnerische Positionen festgelegt. Ganz gleich, wo das Gewicht angesetzt wird – die Balance kann nur durch Widerstand gegen die Machtansprüche der jeweils anderen Seite gehalten werden. Dadurch entsteht eine Situation, in der Männer fürchten, die „Macht" der Frauen zu mehren, und Frauen sich der „Macht" der Männer grundsätzlich widersetzen.

Solange die Kirche dieses Modell beibehält und versucht, ein Gleichgewicht zwischen männlicher und weiblicher Vorherrschaft herzustellen, bleibt diese Spannung unverändert bestehen. Angst verursacht Spannungen: Angst vor der Macht der anderen und Angst vor der eigenen Macht; Angst davor, kontrolliert zu werden, und Angst, die Kontrolle zu verlieren. Vorherrschaft erzeugt immer Angst. Aber die Botschaft der Bibel hat nichts mit Vorherrschaft (Dominanz) zu tun. Vielmehr sagt die Heilige Schrift, dass das Leben in der Gemeinschaft der Gläubigen durch eine dienende Haltung gekennzeichnet sein sollte. Das Ziel der Glieder am Leib Christi besteht darin, sich gegenseitig in Liebe aufzubauen.

Eine Grundstruktur, die Vorherrschaft fördert und keine dienende Haltung kennt, kann für uns nicht maßgebend sein.

Wenn jedoch die Erlösung als Bezugsgröße angesehen wird, sind die Folgen der Sünde alles andere als willkommen. Unser Ziel muss es sein, dass die Auswirkungen der Sünde durch die Kraft der Erlösung überwunden werden. Zu den Folgen der Sünde gehört auch die männliche Vorherrschaft. Allerdings wird sie nicht einfach gegen weibliche Vorherrschaft eingetauscht und auch nicht durch die Spannung zwischen beiden Extremen im Gleichgewicht gehalten. Vielmehr wird das Dominanz-Modell insgesamt abgelegt, und an seine Stelle wird ein ganz anderes Modell gesetzt: die neue Ordnung, die Christus uns gebracht hat.

Wie kann nun ein Modell aussehen, dessen Fundament die Liebe ist und in dem Dominanz als unbiblisch abgelehnt wird?

3. Die Grundhaltung und Sichtweise von Jesus Christus übernehmen

Um ein bibeltreues Modell für die Aufgaben von Männern und Frauen im Leib Christi zu entwickeln, müssen wir den Gedanken an Vorherrschaft aufgeben und in eine ganz neue Ordnung der Gemeinschaft eintreten. Der Dienst im Reich Gottes darf nicht von einem instabilen Gleichgewicht zwischen männlicher und weiblicher Vorherrschaft bestimmt werden, sondern muss sich auf die von Christus eingeführte, neue Ordnung gründen: eine neue Gemeinschaft, in der auf jede Dominanz verzichtet wird, um das Leben zu fördern und die Gaben zu entfalten.

In diesem Modell werden Fragen auf der Grundlage einer ganz anderen Weltsicht gestellt, und der Raum, der geprägt war von Autorität, Führung, Entscheidungsgewalt, Macht, Weisungsbefugnis und Herrschaft, weicht einem Freiraum für Ermutigung, Unterstützung und Gemeinschaft.

Das neue Modell basiert nicht mehr auf Macht, sondern auf Begabung, wobei Autorität nicht mehr „über einen anderen", sondern „im Interesse von einem anderen" ausgeübt wird.

Die Gleichheit wird nicht durch Abgeben von Macht an andere hergestellt, sie ist vielmehr an sich ein Grundwert der Gemeinschaft.

Dieser Bereich der Entfaltung kann mit den Begriffen: Gaben, Dienst, Ermutigung, Unterstützung und Gemeinschaft umrissen werden. Die Autorität liegt im Wort Gottes, und Leitungsaufgaben werden zum Wohle der anderen erteilt, nicht um Macht über sie auszuüben. Die Unterordnung wird hier als eine gegenseitige Unterordnung innerhalb des Leibes und unter Christus verstanden. Aufgaben erwachsen aus geistlichen Begabungen und werden nicht aufgrund der Geschlechtszugehörigkeit zugeteilt.

Die durch Jesus Christus erworbene Erlösung (und nicht die Folgen der Sünde) hat diese neue Ordnung ermöglicht. Sie fordert deshalb von uns , dass wir die gesamte Schrift durch das „Fenster" der Erlösung betrachten und nicht durch das „Fenster" des Sündenfalls.

Dieser Rahmen sollte bei der Erörterung des Themas „Frauen in der Kirche" zugrunde gelegt werden.

Fragen zum Diskutieren und Nachdenken

1. Von welchem Modell waren Ihre Gedanken und/oder Äußerungen zur Stellung der Frau in der Kirche bisher bestimmt?
2. Welches Modell würde Jesus Ihrer Meinung nach verwenden?
3. Können Sie Beispiele für den in Abbildung 2 gezeigten Machtkampf nennen?
4. Haben Sie schon einmal darüber nachgedacht, durch welchen „Filter" Sie die Botschaft der Bibel interpretieren?
5. Worin sehen Sie die Unterschiede zwischen der Auslegung der Schrift nach dem „Fenster" des Sündenfalls bzw. nach der Sichtweise der Erlösung? Lesen Sie z. B. Römer 5,12-19 aus der Perspektive des Sündenfalls: Gott hat angeordnet, dass wir unter der Herrschaft von Sünde und Tod leben. Lesen Sie danach dieselbe Schriftstelle aus der Perspektive der Erlösung: Gott hat die Konsequenzen der Sünde aufgezeigt, aber Er hat angeordnet, dass wir durch den Tod und die Auferstehung Christi von dem Gesetz der Sünde und des Todes befreit werden. Inwiefern ändert die gewählte Perspektive Ihre Interpretation des Textes? Versuchen Sie dasselbe mit Kolosser 3,5-10.
6. Was würde sich für Sie ändern, wenn Sie aus dem „Bereich der Vorherrschaft" in den „Bereich der Entfaltung" eintreten würden? Nennen Sie so viele konkrete Punkte wie möglich!
7. Worin besteht der Unterschied zwischen dem Ausüben von Autorität „über" jemanden und „im Interesse von jemandem"? Nennen Sie Beispiele!

Die Auslegung der Schrift

Die Herausforderung liegt darin,
die Rolle der Frau anhand der Sichtweise
der Erlösung zu erarbeiten.

1. Das Alte Testament

1.1 Die Schöpfung – 1.Mose 1,26-28

Viele Menschen sehen in der Reihenfolge der Schöpfung (der Mann wurde vor der Frau erschaffen) das Modell bzw. den Maßstab, nach dem wir die Aufgaben der Frauen in Kirche und Familie festlegen müssen. Schwierigkeiten ergeben sich jedoch dadurch, dass kein Einvernehmen darüber besteht, was die Schöpfungsgeschichte tatsächlich über die Absichten Gottes im Blick auf die Beziehungen zwischen Männern und Frauen aussagt. Die Unklarheiten in dieser Sache ergeben sich daraus, dass wir die Schrift meist so lesen, wie man es uns gelehrt hat, anstatt ganz unvoreingenommen an sie heranzugehen und sie selbst zu uns sprechen zu lassen.

> Dann sprach Gott: Lasst uns Menschen machen als unser Abbild, uns ähnlich. Sie sollen herrschen über die Fische des Meeres, über die Vögel des Himmels, über das Vieh, über die ganze Erde und über alle Kriechtiere auf dem Land. Gott schuf also den Menschen als sein Abbild; als Abbild Gottes schuf er ihn. Als Mann und Frau schuf er sie. Gott segnete sie, und Gott sprach zu ihnen: Seid fruchtbar und vermehrt euch, bevölkert die Erde, unterwerft sie euch, und herrscht über die Fische des Meeres, über die Vögel des Himmels und über alle Tiere, die sich auf dem Land regen.

Es gibt zwei Berichte über die Schöpfung. In diesem ersten Schöpfungsbericht (ebenso wie in allen anderen Schriftstellen) müssen wir zunächst darauf achten, was uns in dem Text gesagt wird, und nicht darauf, was wir gern aus dem Text herauslesen möchten.

Zunächst kann die Verwendung des Wortes „*Adam*" für Verwirrung sorgen. Gott sprach: „Lasst uns *Adam* machen (dies klingt nach *adamah*, dem hebräischen Wort für Erde) gemäß unserem Bild (…) Sie sollen herrschen (…)." *Adam* wird hier eindeutig im Plural verwendet und steht darum für die gesamte Menschheit, also für Männer *und* Frauen.

Später wird Adam jedoch zum Eigennamen für den Mann (1.Mose 2,20), und die Frau erhält nach dem Sündenfall den Eigennamen Eva. *Isch* und *ischa* sind die hebräischen Wörter für Mann und Frau (siehe Abschnitt 1.2).

Als Nächstes ist klar zu erkennen, dass das Gebot, über die Erde zu herrschen, für *beide* gilt – für den Mann und für die Frau. Es ergeht nicht an den Mann allein mit der Frau als seiner Assistentin, Dienerin, Sklavin oder Untertanin. Auch wurde dieser Auftrag dem Mann nicht gegeben, bevor die Frau erschaffen war. Der Gedanke, dass die Frau als untergeordnete Gehilfin des Mannes geschaffen wurde, der die Erde beherrschen sollte, stammt also nicht aus diesem Text.

1.Mose 1 spricht demnach gegen die Minderwertigkeit oder Unterordnung der Frau, denn die Frau ist ebenso im Bilde Gottes geschaffen wie der Mann. Gott segnete sie gemeinsam, als Mann und Frau, und gab ihnen den Auftrag, die Erde zu füllen, sie sich untertan zu machen und über alles geschaffene Leben zu herrschen. Sie sollten das Menschsein miteinander teilen und miteinander an dem Segen und der Verantwortung teilhaben.

Diese Textstelle widerlegt auch die Ansicht, dass Sex und Sexualität die Folgen des Sündenfalls sind, denn Gott erschuf den Menschen als Mann und Frau, bevor die Sünde in die Welt kam.

1.2   Der erweiterte Schöpfungsbericht – *1.Mose 2,4b-25*

Zur Zeit, als Gott, der Herr, Erde und Himmel machte, gab es auf der Erde noch keine Feldsträucher und wuchsen noch keine Feldpflanzen; denn Gott, der Herr, hatte es auf die Erde noch nicht regnen lassen, und es gab noch keinen Menschen, der den Ackerboden bestellte; aber Feuchtigkeit stieg aus der Erde auf und tränkte die ganze Fläche des Ackerbodens. Da formte Gott, der

Herr, den Menschen aus Erde vom Ackerboden und blies in seine Nase den Lebensatem. So wurde der Mensch zu einem lebendigen Wesen. Dann legte Gott, der Herr, in Eden, im Osten, einen Garten an und setzte dorthin den Menschen, den er geformt hatte. Gott, der Herr, ließ aus dem Ackerboden allerlei Bäume wachsen, verlockend anzusehen und mit köstlichen Früchten, in der Mitte des Gartens aber den Baum des Lebens und den Baum der Erkenntnis von Gut und Böse. Ein Strom entspringt in Eden, der den Garten bewässert; dort teilt er sich und wird zu vier Hauptflüssen. Der eine heißt Pischon; er ist es, der das ganze Land Hawila umfließt, wo es Gold gibt. Das Gold jenes Landes ist gut; dort gibt es auch Bdelliumharz und Karneolsteine. Der zweite Strom heißt Gihon; er ist es, der das ganze Land Kusch umfließt. Der dritte Strom heißt Tigris; er ist es, der östlich an Assur vorbeifließt. Der vierte Strom ist der Eufrat. Gott, der Herr, nahm also den Menschen und setzte ihn in den Garten von Eden, damit er ihn bebaue und hüte. Dann gebot Gott, der Herr, dem Menschen: Von allen Bäumen des Gartens darfst du essen, doch vom Baum der Erkenntnis von Gut und Böse darfst du nicht essen; denn sobald du davon isst, wirst du sterben. Dann sprach Gott, der Herr: Es ist nicht gut, dass der Mensch allein bleibt. Ich will ihm eine Hilfe machen, die ihm entspricht. Gott, der Herr, formte aus dem Ackerboden alle Tiere des Feldes und alle Vögel des Himmels und führte sie dem Menschen zu, um zu sehen, wie er sie benennen würde. Und wie der Mensch jedes lebendige Wesen benannte, so sollte es heißen. Der Mensch gab Namen allem Vieh, den Vögeln des Himmels und allen Tieren des Feldes. Aber eine Hilfe, die dem Menschen entsprach, fand er nicht. Da ließ Gott, der Herr, einen tiefen Schlaf auf den Menschen fallen, so dass er einschlief, nahm eine seiner Rippen und verschloss ihre Stelle mit Fleisch. Gott, der Herr, baute aus der Rippe, die er vom Menschen genommen hatte, eine Frau und führte sie dem Menschen zu. Und der Mensch sprach: Das endlich ist Bein vom meinem Bein und Fleisch von meinem Fleisch. Frau soll sie heißen; denn vom Mann ist sie genommen. Darum verlässt der Mann Vater und Mutter und bindet sich an seine Frau, und sie werden ein Fleisch. Beide, Adam und seine Frau, waren nackt. Aber sie schämten sich nicht voreinander.

1.Mose 2 enthält einen ausführlichen Bericht von der Erschaffung des Mannes und der Frau. Aus diesem Text lesen manche die Begründung für die Herrschaft des Mannes und die Unterordnung der Frau heraus. Die Hauptargumente für diese Position sind etwa, dass der Erstgeborene sowohl eine Vorrangstellung als auch Autorität erhält, dass ein Helfer zugleich Untergebener ist und dass die Namensgebung zugleich eine Autoritätsstellung voraussetzt. Diese Argumente erweisen sich jedoch bei gründlicher Analyse als nicht stichhaltig.

Erhält der zuerst Erschaffene automatisch eine Autoritätsposition?

Die Annahme, dass allein die Tatsache, zuerst erschaffen worden zu sein, zugleich eine besondere Autorität verleiht, ist wiederum eine Vorstellung, die in den Text hineingelesen wird. Dieser Text legt keinerlei Rangfolge (Hierarchie) zwischen Mann und Frau nahe – er verweist nur auf das Unvollständigsein. Der Gedanke, der Mann sei der Frau überlegen, weil er zuerst erschaffen wurde, ist in diesem Text nicht enthalten, sondern wurde (von außen) in ihn hineingelegt.

Ist „Helfer" gleichbedeutend mit „Untergebener"?

Ein weiteres Argument für die männliche Autorität finden manche in diesem Text in den Wörtern 'ezer k^enägdo und übersetzen sie als „geeignete Gehilfin für ihn".

In der Vergangenheit wurde traditionell viel Gewicht auf die Verwendung der Wörter „Helferin" oder „Gehilfin" gelegt. Sie wurden als Argument dafür angeführt, dass Gott eine hierarchische Ordnung beabsichtige. Eine gründliche Analyse der hebräischen Wörter 'ezer k^enägdo widerlegt diesen Gedanken jedoch ganz eindeutig.

Das deutsche Wort „Helfer" trägt auch die Bedeutung „untergeordnete oder geringere Stellung", das hebräische Wort 'ezer hat jedoch keinen solchen Beiklang. Das Wort 'ezer (Helfer), das hier auf die Frau bezogen ist, verweist an 15 von 21 Stellen, an denen es im

Alten Testament gebraucht wird, auf Gott; dort bedeutet es so viel wie „Beschützer" (Psalm 33,20) und „Retter" (2.Mose 18,4). Aufgrund dieser Beobachtung verbietet sich eindeutig die Auslegung, '*ezer* bezeichne naturgemäß einen „Assistenten mit untergeordneten Status".[1] Gott wird hier vielmehr als übergeordneter Schöpfer beschrieben, der Israel ins Leben rief, beschützt und rettet, so dass hier eher eine „Überlegenheit" als eine „Unterordnung" nahe gelegt wird. Dies träfe natürlich dann nicht zu, wenn es sich auf die Frau bezieht, weil die ursprüngliche Bedeutung durch den Begriff *kᵉnägdo* modifiziert würde, der so viel bedeutet wie „von Angesicht zu Angesicht", „gleichwertig mit", „als Gegenüber zu" oder „sichtbar".

Nach AIDA BESANCON SPENCER in ihrem Buch „BEYOND THE CURSE" bedeutete das Wort '*ezer* im Gegensatz zur allgemein üblichen Lesart sogar eher „Autorität" als „Unterordnung", wenn '*ezer* nicht im Hinblick auf die Frau durch das Wort modifiziert würde, das so viel bedeutet wie „von Angesicht zu Angesicht", „gleichwertig mit", „als Gegenüber zu" oder „sichtbar". Wie PHYLLIS TRIBLE in „GOD AND THE RHETORIC OF SEXUALITY" ausführt, *verschiebt dieser modifizierende Zusatz den Bedeutungsgehalt dieses Begriffes von der Überlegenheit in Richtung Wesensgleichheit, Gegenseitigkeit und Gleichwertigkeit. Demnach ist Gott der Ansicht, dass dieses Geschöpf aus Erde eine Gefährtin braucht, die ihm weder untergeordnet noch übergeordnet ist, sondern seiner Einsamkeit durch wesenhaftes Gleichsein ein Ende setzen soll.*[2]

Hier wird also eine Art Spiegelbild vorgestellt, ein Bild, das sowohl Autorität als auch Unterordnung von vornherein ausschließt. Das Entscheidende an diesem Bild ist die Gleichheit. Leider lesen viele Ausleger nach wie vor in diesen Text hinein, dass „Gehilfin" zugleich auch eine Unterordnung bedeutet. In dem Artikel „I BELIEVE IN WOMEN'S MINISTRY" kommt J. I. PACKER, ausgehend von der Funktion der Frau als Helferin, zu dem Schluss, *dass der Mann immer der Initiator und Anführer ist und die Frau ihn stets unterstützt, aber niemals die Initiative ergreift.*[3] Sie darf keine Verantwortung für oder Autorität über Männer haben. Doch auch hierbei handelt es sich um eine Interpretation des Begriffs „Helferin", die sich nicht auf das ursprüngliche hebräische Wort '*ezer* stützen kann.

SPENCER klärt diesen Punkt, indem sie Folgendes ausführt: *Diese*

Herabsetzung des Begriffs „Helferin" läßt den Gesamtkontext von 1.Mose 2 völlig außer Acht. Die Frau wurde nicht erschaffen, um dem Adam zu dienen, sondern um mit Adam zusammen zu dienen.[4] Adam wurde in den Garten Eden gesetzt, um „ihn zu bebauen und ihn zu bewahren" (1.Mose 2,15), und Gott sagte, es wäre nicht gut, dass er allein sei.

„Allein" bezeichnet hier die Isolation im Unterschied zum Leben in einer Gemeinschaft. Der Mann braucht die Frau – nicht, weil er den Garten alleine nicht bebauen könnte, sondern weil er auf Gemeinschaft hin angelegt ist und sein menschliches Wesen (das im Bilde Gottes geschaffen wurde) nicht voll entfalten kann ohne ein 'ezer, ein ihm selbst ähnliches Gegenüber, das seine Liebe empfangen und ihm Liebe geben kann: ein Gegenüber, das für ihn in ähnlicher Weise „Gehilfe" ist, wie Gott der 'ezer ist für die ganze Menschheit. Der Mann braucht die Frau nicht wegen des bestehenden Unterschieds zwischen ihm und ihr, sondern vielmehr, weil sich beide ähnlich sind und weil die Menschheit auf Gemeinschaft (Beziehungsfähigkeit) angelegt ist.[5]

Als Gott die Tiere zu Adam bringt, gibt Adam ihnen Namen, und es stellt sich heraus, dass keines von ihnen als gleichwertige Ergänzung für ihn in Frage kommt – bis Gott die Frau erschafft. Nichts in dem Text deutet darauf hin, dass die Aufgaben der beiden sich unterscheiden sollen – der Mann braucht einfach eine Helferin, die ihm entspricht, damit sie gemeinsam den Auftrag aus 1.Mose 1 erfüllen können. Den Garten „bebauen und bewahren" beschreibt beispielhaft die Art und Weise, in der die Menschen „über die Erde herrschen".[6]

Begründet das Vergeben von Namen Autorität?

Der Gedanke, dass der Mann seine Autorität über die Tiere dadurch manifestiert, dass er ihnen Namen gibt, und seine Autorität über die Frau darin manifestiert, dass er *ihr* einen Namen gibt, ist ein weiteres Beispiel dafür, wie die Schrift durch das „Fenster" des Sündenfalls interpretiert werden kann, denn Eva erhält ihren Namen erst nach dem Sündenfall (1.Mose 3,20). Deshalb kann die Namensgebung für Eva nicht als Begründung dafür dienen, dass

Gott schon bei der Schöpfung dem Mann die Vorherrschaft gegeben habe.

Von weit größerer Bedeutung ist dabei wohl die Tatsache, dass diese Interpretation völlig am Kern der Geschichte vorbeigeht, der besagt, dass Mann und Frau wesensgleich sind.

Die Tatsache, dass die Frau aus dem Mann erschaffen wurde, macht sie ebenso wenig zu seiner Untertanin, wie die Tatsache, dass der Mann aus Erde geschaffen wurde, ihn zum Untertan der Erde macht.

Vielmehr zeigt der Text auf, dass der Kern ihrer Identität identisch mit der des Mannes ist und sich keineswegs von ihm unterscheidet. Im Text kommt das mit dem Jubelruf Adams deutlich zum Ausdruck, dass die Frau „Gebein von meinem Gebein und Fleisch von meinem Fleisch" ist – im Unterschied zu den Tieren.

Als die Tiere zum Menschen gebracht werden, gibt er ihnen Namen, die nicht von seinem Namen abgeleitet sind – sie unterscheiden sich in ihrem Wesen von ihm. Als jedoch die Frau zu ihm gebracht wird, erkennt er, dass sie aus ihm entstanden ist. Sie ist wesensgleich mit ihm, und er nennt sie *ishshah* – eine Ableitung aus der für ihn selbst verwendeten Bezeichnung *ish*. Der Schwerpunkt liegt hier auf der Einheit – der Wesensgleichheit – im Gegensatz zu den Tieren. Sie ist aus ihm erschaffen worden.

Bei textgetreuer Auslegung dieses Abschnittes zeigt sich also, dass die Namensgebung Evas durch Adam nicht als beweiskräftiges Argument für die Autorität des Mannes über die Frau herhalten kann. Der Gedanke der Autorität kann demnach nur darauf zurückzuführen sein, dass in den Text eine zusätzliche Bedeutung hineingelesen wird, die bereits im Voraus festgelegt wurde.

Wer hängt an wem?

Der Bericht aus 1.Mose widerlegt aber nicht nur die traditionelle Auffassung, dass die Autorität des Mannes in der Schöpfung begründet liegt, sondern zeichnet darüber hinaus ein ganz ungewöhnliches Bild: Der Mann wird seine Eltern verlassen und seiner Frau anhangen. Dies widerspricht völlig der patriarchalischen Sicht der Beziehung zwischen Mann und Frau, nach der eigentlich die Frau ihr

Elternhaus verlassen und dem Manne anhangen müsste. Das hebräische Wort *dabaq* aus 1.Mose 2,24 muss eindeutig mit „sich binden, festhalten an" übersetzt werden.[7] MARY EVANS zieht in „WOMAN IN THE BIBLE" die Schlussfolgerung, dass das Wort „anhangen" im Hebräischen das Anhangen der schwächeren Seite an der stärkeren bezeichnet.[8] Als Beispiel nennt sie das Bild vom Anhangen des Volkes Israel an Gott (5.Mose 10,20; Josua 23,8) und nicht umgekehrt.

Zusammenfassung

1.Mose 1 zeigt deutlich auf, dass Mann und Frau denselben Ursprung haben. Beide wurden durch den Willen Gottes und in seinem Bilde erschaffen. In Kapitel 2 wird betont, dass die Ausrichtung und der Auftrag der Frau der des Mannes entsprechen – beide sind voneinander abhängig, wenn sie gemeinsam den göttlichen Segen empfangen und die Verantwortung wahrnehmen, die mit dem Auftrag zum Bewahren und Beherrschen der Erde verbunden sind.

Der Schwerpunkt liegt dabei nicht auf dem *Wie* ihrer Erschaffung, sondern auf der Art ihrer Beziehung zueinander.[9] Sie schämen sich nicht. Die Sexualität wird als Bestandteil von Gottes guter Schöpfung eingeführt.

Daraus ergibt sich eindeutig, dass am Anfang der biblischen Geschichte die „Schöpfungsordnung" präsentiert wird, nach der Mann und Frau als gleichwertige Partner im Bilde Gottes geschaffen sind, gleichermaßen in eine Beziehung mit ihrem Schöpfer gerufen sind und in gleichem Umfang aufgerufen sind, die Herrschaft über die Schöpfung wahrzunehmen. In diesem Kapitel finden wir keinen einzigen Hinweis auf Hierarchie, Unterordnung, Patriarchat oder auch nur Gehorsamspflicht. Solche Inhalte sind in diesen Stellen nur zu finden, wenn sie durch voreingenommene Interpretation in den Text hineingetragen werden.

1.3 Zerstörte Beziehung durch Sünde – *1.Mose 3,1-24*

Die Schlange war schlauer als alle Tiere des Feldes, die Gott, der Herr, gemacht hatte. Sie sagte zu der Frau: Hat Gott wirklich gesagt: Ihr dürft von keinem Baum des Gartens essen? Die Frau entgegnete der Schlange: Von den Früchten der Bäume im Garten dürfen wir essen; nur von den Früchten des Baumes, der in der Mitte des Gartens steht, hat Gott gesagt: Davon dürft ihr nicht essen, und daran dürft ihr nicht rühren, sonst werdet ihr sterben. Darauf sagte die Schlange zur Frau: Nein, ihr werdet nicht sterben. Gott weiß vielmehr: Sobald ihr davon esst, gehen euch die Augen auf; ihr werdet wie Gott und erkennt Gut und Böse. Da sah die Frau, dass es köstlich wäre, von dem Baum zu essen, dass der Baum eine Augenweide war und dazu verlockte, klug zu werden. Sie nahm von seinen Früchten und aß; sie gab auch ihrem Mann, der bei ihr war, und auch er aß. Da gingen beiden die Augen auf, und sie erkannten, dass sie nackt waren. Sie hefteten Feigenblätter zusammen und machten sich einen Schurz. Als sie Gott, den Herrn, im Garten gegen den Tagwind einherschreiten hörten, versteckten sich Adam und seine Frau vor Gott, dem Herrn, unter den Bäumen des Gartens. Gott, der Herr, rief Adam zu und sprach: Wo bist du? Er antwortete: Ich habe dich im Garten kommen hören; da geriet ich in Furcht , weil ich nackt bin, und versteckte mich. Darauf fragte er: Wer hat dir gesagt, dass du nackt bist? Hast du von dem Baum gegessen, von dem zu essen ich dir verboten habe? Adam antwortete: Die Frau, die du mir beigesellt hast, sie hat mir von dem Baum gegeben, und so habe ich gegessen. Gott, der Herr, sprach zu der Frau: Was hast du da getan? Die Frau antwortete: Die Schlange hat mich verführt, und so habe ich gegessen. *Da sprach Gott, der Herr, zur Schlange: Weil du das getan hast, bist du verflucht unter allem Vieh und allen Tieren des Feldes. Auf dem Bauch sollst du kriechen und Staub fressen alle Tage deines Lebens. Feindschaft setze ich zwischen dich und die Frau, zwischen deinen Nachwuchs und ihren Nachwuchs. Er trifft dich am Kopf, und du triffst ihn an der Ferse.* Zur Frau sprach er: **Viel Mühsal bereite ich dir, sooft du schwanger wirst. Unter Schmerzen gebierst du Kinder. Du hast Verlangen nach deinem Mann; er aber wird über dich herrschen. Zu**

Adam sprach er: Weil du auf deine Frau gehört und von dem
Baum gegessen hast, von dem zu essen ich dir verboten hatte: *So
ist verflucht der Ackerboden deinetwegen.* Unter Mühsal wirst du von
ihm essen alle Tage deines Lebens. Dornen und Disteln lässt er dir
wachsen, und die Pflanzen des Feldes musst du essen. Im Schwei-
ße deines Angesichts sollst du dein Brot essen, bis du zurückkehrst
zum Ackerboden; von ihm bist du ja genommen. Denn Staub bist
du, zum Staub musst du zurück. Adam nannte seine Frau Eva
(Leben), denn sie wurde die Mutter aller Lebendigen. Gott, der
Herr, machte Adam und seiner Frau Röcke aus Fellen und
bekleidete sie damit. Dann sprach Gott, der Herr: Seht, der
Mensch ist geworden wie wir; er erkennt Gut und Böse. Dass er
jetzt nicht die Hand ausstreckt, auch vom Baum des Lebens
nimmt, davon isst und ewig lebt! Gott, der Herr, schickte ihn aus
dem Garten von Eden weg, damit er den Ackerboden bestellte,
von dem er genommen war. Er vertrieb den Menschen und stellte östlich des Gartens von Eden die Kerubim auf und das lodern-
de Flammenschwert, damit sie den Weg zum Baum des Lebens
bewachten.

Manche Feministinnen sind der Ansicht, dass 1.Mose 3,16 (siehe den
fett hervorgehobenen Text) die Grundlage für die Unterjochung der
Frau bilde und abgelehnt werden müsse. Traditionalisten hingegen
gehen davon aus, dass hier das Fundament für die männliche
Autorität und die permanente und unwiderrufliche Unterordnung
der Frau gelegt werde.

Wie sollen wir uns diesem Text nähern? Was ist wirklich geschehen? Adam und Eva waren zur Einheit geschaffen worden: Sie waren
wesensgleich und für dieselbe Bestimmung geschaffen. Sie waren
beide nach dem Bilde Gottes erschaffen und sollten gemeinsam die
Verantwortung für die Schöpfungsordnung tragen.

Als die Sünde Einzug hielt, ereignete sich auf der menschlichen
Ebene zweierlei: Die Einheit, die sie bisher gekannt hatten, wurde
zerstört – sie versteckten sich vor Gott und voreinander, indem sie
ihre Nacktheit mit Feigenblättern bedeckten; und die gemeinsame
Verantwortung, die ihnen übertragen worden war, wurde durch die
gegenseitigen Schuldzuweisungen verneint. Dadurch wurde einer
zum Herrscher und der andere zum Beherrschten.

Die Folge der Sünde war eine Zerstörung der Gemeinschaft, die sich Gott für die Menschheit ursprünglich erdacht hatte. GEORGE KNIGHT III., der von einer hierarchischen Beziehung zwischen Mann und Frau ausgeht, legt in „THE NEW TESTAMENT TEACHING ON THE ROLE RELATIONSHIP OF MEN AND WOMEN" dar, 1.Mose 3 gehe davon aus, *dass die Rollenverteilung zwischen Mann und Frau durch Gottes Schöpfungsordnung begründet wird und dass in dieser Beziehung nun die Auswirkungen der Sünde spürbar werden.*

KNIGHT legt dar, *dass die Aussage „er aber wird über dich herrschen" die Zerstörung (ihrer) Beziehung durch die Auswirkungen der Sünde beschreibt.*[10]

In diesem Punkt liegt er richtig. Er irrt sich jedoch in der Annahme, Gott habe in der Schöpfungsordnung eine hierarchische Beziehung vorgegeben, und er irrt sich in seiner Auffassung davon, wie diese Beziehung zerstört wurde.

KNIGHT behauptet, dass in der von Gott angelegten Beziehung der Mann das Haupt (d.h. die Autoritätsperson) und die Frau seine Gehilfin (d.h. der Autorität des Mannes untergeordnet) sei. Knight sieht nun die Folge der Sünde darin, *dass die Frau nicht mehr gewillt ist, sich dieser Autorität zu beugen.*[11]

Der Irrtum dieses Arguments besteht darin, dass die von Gott geschaffene Beziehung nicht auf Autorität und Unterordnung aufgebaut war. Es ist richtig, dass die Beziehung durch die Sünde zerstört wurde, aber die Störung bestand ja gerade darin, dass sie zu einer *autoritären* Beziehung wurde – weil dadurch die Elemente Dominanz und Unterwerfung in die Beziehung eindringen konnten. Vor diesem Ungehorsam waren Mann und Frau „ein Fleisch", und zwar ihrer Entstehung und ihrem Handeln nach (1.Mose 2,24). Doch nun wird dieses „eine Fleisch" getrennt. PHYLLIS TRIBLE formuliert es so:

Der Mann wird das Verlangen der Frau nicht erwidern, sondern über sie herrschen – dadurch wird die Frau zur beherrschten Sklavin korrumpiert und der Mann zum Herrscher. Sein Übergeordnetsein ist weder ein von Gott verliehenes Privileg noch das Vorrecht des Mannes. Ihr Untergeordnetsein ist weder eine göttliche Verordnung noch das Schicksal der Frau. Gott beschreibt hier lediglich die Folgen (Konsequenzen), er ordnet sie nicht als Bestrafung an.[12]

Das Patriarchat als Gesellschaftssystem muss nicht unbedingt frauenfeindlich sein, aber es kann die Vormachtstellung einer von Männern dominierten Gesellschaft festigen und die Unterdrückung und Ausbeutung von Frauen legitimieren. In der patriarchalisch aufgebauten jüdischen Gesellschaft gab Gott seinem Volk die Anweisung, seine erlösende Kraft zu bezeugen, indem es allen ihm unterstellten Menschen gegenüber Fairness und Mitgefühl zeigte.[13] GRETCHEN GAEBELEIN HULL führt Folgendes aus:

Bei der Betrachtung eines patriarchalischen Gesellschaftssystems sollten wir uns also nicht fragen, wie man ein solches System, das die Diskriminierung und Missachtung von Menschenrechten legitimiert, flicken kann. Die eigentliche Frage lautet vielmehr, ob wir dieses System überhaupt reparieren sollten.[14]

Laut HULL sollte uns *die Erlösungskraft Gottes dahin führen, von jedem Weltbild Abstand zu nehmen, das besagt, dass „immer eine Person dominant sein muss", und zu erkennen, dass ein solches Gedankensystem nur „christianisiert" werden kann, indem es durch ein neues abgelöst wird.*[15]

Wichtig ist außerdem die Feststellung, dass der Fluch weder den Mann noch die Frau trifft. Nur die Schlange und die Erde werden ausdrücklich verflucht (siehe die kursiven Textpassagen). Während die Konsequenzen der Sünde für die Frau schmerzhafte Geburten und das Verlangen nach ihrem Mann einschließen, trifft den Mann Mühsal bei der Beschaffung von Nahrung und die Verbannung aus dem Garten.

Dennoch werden diese Auswirkungen des Ungehorsams nicht permanent festgeschrieben – sie können unwirksam gemacht werden durch das von Jesus Christus vergossene Blut. Jesus kam, um die Auswirkungen des Sündenfalls rückgängig zu machen. Durch die Gnade Gottes können die Folgen der Sünde gelindert werden – durch wissenschaftliche Entdeckungen, medizinischen Fortschritt und barmherziges Handeln der Menschen. Die Menschheit hat ihrerseits ihren Teil dazu beigetragen und einiges zuwege gebracht, um die „Mühsal" sowohl bei der Nahrungsproduktion als auch bei der Geburt von Nachkommen erträglich zu machen. Sollten die Frauen dann nicht auch in den Genuss der Aufhebung der männlichen „Herrschaft" kommen und sich stattdessen an *gleichberechtigten Beziehungen* erfreuen (...) und an einem *Leben, das von der Erlösung Christi geprägt ist?*[16]

1.4 Die Frau im Alten Testament

a) Weibliche Bilder für Gott

Gott wird dargestellt als der derjenige, der für Nahrung, Wasser und Kleidung sorgt – all dies sind Aufgaben, die in der hebräischen Gesellschaft von Frauen ausgeführt wurden. Gott wird auch beschrieben als jemand, der Geburtswehen erleidet, Kinder groß-zieht, Trost spendet wie eine Mutter und Gefühle zeigt, die norma-lerweise von Müttern empfunden werden. Auch erscheint Gott als derjenige, der alle Tränen abwischt.

Psalm 123,1-2 – Ich erhebe meine Augen zu dir, der du hoch im Himmel thronst. Wie die Augen der Knechte auf die Hand ihres Herrn, wie die Augen der Magd auf die Hand ihrer Herrin, so schauen unsre Augen auf den Herrn, unsern Gott, bis er uns gnä-dig ist.
Jesaja 66,13 – Wie eine Mutter ihren Sohn tröstet, so tröste ich euch; in Jerusalem findet ihr Trost.
1.Mose 3,21 – Gott, der Herr, machte Adam und seiner Frau Röcke aus Fellen und bekleidete sie damit.
Jesaja 42,14 – Ich hatte sehr lange geschwiegen, ich war still und hielt mich zurück.
Jesaja 49,13-15 – Jubelt, ihr Himmel, jauchze, o Erde, freut euch, ihr Berge! Denn der Herr hat sein Volk getröstet und sich seiner Armen erbarmt. Doch Zion sagt: Der Herr hat mich verlassen, Gott hat mich vergessen. Kann denn eine Frau ihr Kindlein ver-gessen, eine Mutter ihren leiblichen Sohn? Und selbst wenn sie ihn vergessen würde, ich vergesse dich nicht.
Hiob 38,8-9 – Wer verschloss das Meer mit Toren, als schäumend es dem Mutterschoß entquoll, als Wolken ich zum Kleid ihm machte, ihm zur Windel dunklen Dunst …

Da es Israel streng verboten war, Göttinnen anzubeten, ist es umso erstaunlicher, dass diese weiblichen Bilder für Gott überhaupt über-liefert wurden. Weibliche Metaphern zur Beschreibung von Eigenschaften Gottes weisen jedoch nicht darauf hin, dass Gott selbst eine Frau wäre. Ebenso wenig deuten männliche Umschreibungen für Gott darauf hin, dass Gott ein Mann sei. Jeder Hinweis darauf, dass Gott männlichen oder weiblichen Geschlechts sei, lässt sich nicht mit dem Jahwe-Bild Israels vereinbaren. All diese bildlichen Umschreibungen, egal ob männlichen oder weiblichen Inhalts, sind im metaphysischen Bereich angesiedelt – sie wollen nicht die Geschlechtszugehörigkeit Gottes bestimmen, sondern deutlich machen, dass Gott in einer persönlichen Beziehung zu seiner Schöpfung steht. Die Sexualität, also auch das Mann-Sein an sich, ist ein Merkmal der geschaffenen Welt.

Manche Christen versuchen durch eine subtile Wendung in ihrem Sprachgebrauch die Autorität des Mannes zu stützen und festzuschreiben. Sie würden der Aussage, dass Gott (geschlechtlich gesehen) kein Mann ist, zustimmen. Sie behaupten jedoch, dass er (von seinem Verhalten her) männlich ist. Die Konsequenzen dieser feinen Unterscheidung sind für Frauen von großer Bedeutung. Wenn Gott in männlicher Gestalt auftritt, folgt daraus, dass das Verhalten des Mannes eine größere Ähnlichkeit zum Bilde Gottes in der Welt aufweist. Dadurch erhalten *die Unterschiede zwischen Mann und Frau eine neue, größere Bedeutung, die über die biologischen und sozialen Unterschiede hinausgeht und in den Bereich des geistlichen Lebens vordringt.*[17]

Die Bibel legt jedoch keine absoluten und exklusiven Normen für männliches und weibliches Verhalten fest, sondern spricht nur von Männern und Frauen (als männlich und weiblich), die in das Bild Christi umgestaltet werden sollen. Sexualität ist eine gute Schöpfung Gottes für die Menschen. Dass Sexualität oder geschlechtliche Aktivität im Wesen Jahwes verankert sind, wird im Alten Testament an keiner Stelle gelehrt. Dies ist vielmehr *eine Lehre heidnischer Religionen des Altertums, nach deren Vorstellung die ursprüngliche Schöpfungsmacht von ihrem Wesen her sexueller Natur sein musste.*[18] Die Bibel lehrt, dass die Erde und die darauf lebenden Menschen durch den Willen Gottes geschaffen wurden. Gott rief die Welt durch sein Schöpfungswort ins Dasein und formte dann aus der Materie seiner geschaffenen Welt den Menschen. Dies ist ein Akt der Schöpfung und kein Akt der Zeugung. *Gott zeugte die Welt und ihre Bewohner nicht, sondern schuf sie.*[19]

b) Die Rolle der Frau im Alten Testament

Frauen konnten in der hebräischen Gesellschaft jedes Amt außer dem Priesteramt ausüben. Leitungsfunktionen für Frauen waren etwa das Amt der Richterin, der Königin und der Prophetin:

Richterin: *Richter 4,4-16*

Damals war Debora, eine Prophetin, die Frau des Lappidot, Richterin in Israel. Sie hatte ihren Sitz unter der Debora-Palme zwischen Rama und Bet-El im Gebirge Efraim, und die Israeliten kamen zu ihr hinauf, um sich Recht sprechen zu lassen. Sie schickte Boten zu Barak, dem Sohn Abinoams aus Kedesch-Naftali, ließ ihn rufen und sagte zu ihm: Der Herr, der Gott Israels, befiehlt:: Geh hin, zieh auf den Berg Tabor, und nimm zehntausend Naftaliter und Sebuloniter mit dir! Ich aber werde Sisera, den Heerführer Jabins, mit seinen Wagen und seiner Streitmacht zu dir an den Bach Kischon lenken und ihn in deine Hand geben. Barak sagte zu ihr: Wenn du mit mir gehst, werde ich gehen; wenn du aber nicht mit mir gehst, werde ich nicht gehen. Sie sagte: Ja, ich gehe mit dir; aber der Ruhm bei dem Unternehmen, zu dem du ausziehst, wird dann nicht dir zuteil; denn der Herr wird Sisera der Hand einer Frau ausliefern. Und Debora machte sich auf und ging zusammen mit Barak nach Kedesch. Barak rief Sebulan und Naftali in Kedesch zusammen, und zehntausend Mann folgten ihm (auf den Tabor) hinaus. Auch Debora ging mit ihm. Der Keniter Heber aber, der sich von Kain, von den Söhnen Hobabs, des Schwiegervaters des Mose, getrennt hatte, hatte sein Zelt an der Eiche von Zaanannim bei Kedesch aufgeschlagen. Als man nun Sisera meldete, dass Barak, der Sohn Abinoams, auf den Berg Tabor gezogen sei, beorderte Sisera alle seine Wagen – neunhundert eiserne Kampfwagen – und das ganze Kriegsvolk, das er bei sich hatte, von Haroschet-Gojim an den Bach Kischon. Da sagte Debora zu Barak: Auf! Denn das ist der Tag, an dem der Herr den Sisera in deine Gewalt gegeben hat. Ja, der Herr zieht selbst vor dir her. Barak zog also vom Berg Tabor herab, und die zehntausend Mann folgten ihm. Und der Herr brachte Sisera, alle seine Wagen und seine ganze Streitmacht (mit scharfem Schwert) vor den Augen Baraks in große Verwirrung. Sisera sprang vom Wagen und floh zu Fuß. Barak verfolgte die Wagen und das Heer bis nach Haroschet-Gojim. Das ganze Heer Siseras fiel unter dem scharfen Schwert; nicht ein einziger Mann blieb übrig.

Bevor Israel von Königen regiert wurde, ernannte Gott Richter, die über das Volk herrschen sollten. Sie *sorgten für Gerechtigkeit im Namen Gottes und waren Vorläufer des endgültigen Erlösers für Israel.*[20] In diesem Textabschnitt wird Debora nicht nur als Prophetin bezeichnet, sondern es heißt darin, sie „führte und sprach Recht in Israel zu jener Zeit".

Gott sprach durch sie zu Barak, der nur dann bereit war, in den Krieg zu ziehen, wenn Debora mit ihm ging. Der abschließende Satz über ihre Amtszeit als Richterin lautet: „Und das Land hatte vierzig Jahre Ruhe."

Königin: 2.Könige 11,1-16

Als Atalja, die Mutter Ahasjas, sah, dass ihr Sohn tot war, ging sie daran, die ganze Nachkommenschaft der königlichen Familie auszurotten. Doch Joscheba, die Tochter des Königs Joram und Schwester Ahasjas, nahm Joasch, den Sohn Ahasjas, aus dem Kreis der Königssöhne, die ermordet werden sollten, weg und brachte ihn heimlich mit seiner Amme in die Bettenkammer. Dort versteckte sie ihn vor Atalja, so dass er nicht getötet wurde. Er blieb sechs Jahre bei ihr im Haus des Herrn verborgen, während Atalja das Land regierte. Im siebten Jahr bestellte der Priester Jojada die Hundertschaftsführer der Karer und Läufer zu sich. Er führte sie in das Haus des Herrn, schloss mit ihnen ein Abkommen, ließ sie im Haus des Herrn schwören und zeigte ihnen den Sohn des Königs. Dann ordnete er an: Das ist es, was ihr tun sollt: Ein Drittel von der Wache, die am Sabbat aufzieht, soll den Königspalast bewachen, ein Drittel soll am Tor Sur und ein Drittel am Tor hinter den Läufern stehen. Auf diese Weise sollt ihr abwechselnd die Bewachung des Tempels übernehmen. Die zwei Abteilungen aber, die am Sabbat abziehen, sollen im Haus des

Herrn beim König als Wache stehen. Schart euch mit der Waffe in der Hand um den König! Wer in die Reihen einzudringen versucht, soll getötet werden. Seid beim König, wenn er auszieht und wenn er einzieht. Die Führer der Hundertschaften befolgten alle Weisungen des Priesters Jojada. Jeder holte seine Leute, sowohl jene, die am Sabbat aufzogen, als auch jene, die am Sabbat abzogen. Sie kamen zum Priester Jojada, und dieser gab den Anführern der Hundertschaften die Lanzen und Schilde, die dem König David gehört hatten und sich jetzt im Haus des Herrn befanden. Die Läufer stellten sich mit der Waffe in der Hand von der Südseite des Tempels bis zur Nordseite vor dem Altar und dem Tempel rings um den König auf. Dann führte Jojada den Königssohn heraus und überreichte ihm den Stirnreif und das Königsgesetz. So machten sie ihn zum König, salbten ihn, klatschten in die Hände und riefen: Es lebe der König! Als Atalja das Geschrei des Volkes hörte, kam sie zu den Leuten in das Haus des Herrn. Da sah sie den König am gewohnten Platz bei der Säule stehen; die Obersten und die Trompeter waren bei ihm, und alle Bürger des Landes waren voller Freude und bliesen die Trompeten. Atalja zerriss ihre Kleider und schrie: Verrat, Verrat! Doch der Priester Jojada befahl den Hundertschaftsführern, die das Kommando über die Truppen hatten: Führt sie durch die Reihen hinaus, und schlagt jeden mit dem Schwert nieder, der ihr folgen will; denn – so sagte der Priester – sie soll nicht im Haus des Herrn getötet werden. Da legte man Hand an sie, und als sie an den Weg kam, auf dem man die Pferde zum Palast des Königs führt, wurde sie dort getötet.

Nach dem Tod ihres Sohnes, des Königs, ergriff die Mutter des gestorbenen Königs, Atalja, Maßnahmen, um sich den Thron des Südreichs zu sichern, und sie regierte insgesamt sieben Jahre. Zwar war sie machtgierig und handelte gottlos (wie viele ihrer männlichen Widersacher auch), aber dieser Bericht zeigt, dass das Volk Israel auch von Frauen regiert wurde.

Prophetin: *2.Könige 22,8-20*

Damals teilte der Hohepriester Hilkija dem Staatsschreiber Schafan mit: Ich habe im Haus des Herrn das Gesetzbuch gefunden. Hilkija übergab Schafan das Buch, und dieser las es. Darauf begab sich der Staatsschreiber Schafan zum König und meldete ihm: Deine Knechte haben das Geld ausgeschüttet, das sich im Haus vorfand, und es den Werkmeistern übergeben, die im Haus des Herrn angestellt sind. Dann sagte der Staatsschreiber Schafan zum König: Der Priester Hilkija hat mir ein Buch gegeben. Schafan las es dem König vor. Als der König die Worte des Gesetzbuches hörte, zerriss er seine Kleider und befahl dem Priester Hilkija sowie Ahikam, dem Sohn Schafans, Achbor, dem Sohn Michas, dem Staatsschreiber Schafan und Asaja, dem Diener des Königs: Geht und befragt den Herrn für mich, für das Volk und für ganz Juda wegen dieses Buches, das aufgefunden wurde. Der Zorn des Herrn muss heftig gegen uns entbrannt sein, weil unsere Väter auf die Worte dieses Buches nicht gehört und weil sie nicht getan haben, was in ihm niedergeschrieben ist. Da gingen der Priester Hilkija, Ahikam, Achbor, Schafan und Asaja zur Prophetin Hulda. Sie war die Frau Schallums, des Sohnes Tikwas, des Sohnes des Harhas, des Verwalters der Kleiderkammer, und wohnte in Jerusalem in der Neustadt. Die Abgesandten trugen ihr alles vor, und sie gab ihnen diese Antwort: So spricht der Herr, der Gott Israels: Sagt zu dem Mann, der euch zu mir geschickt hat: So spricht der Herr: Ich bringe Unheil über diesen Ort und seine Bewohner, alle Drohungen des Buches, das der König von Juda gelesen hat. Denn sie haben mich verlassen, anderen Göttern geopfert und mich durch alle Werke ihrer Hände erzürnt. Darum ist mein Zorn gegen diesen Ort entbrannt, und er wird nicht erlöschen. Sagt aber zum König von Juda, der euch hergesandt hat, um den Herrn zu befragen: So spricht der Herr, der Gott Israels: Durch die Worte, die du gehört hast, wurde dein Herz erweicht. Du hast dich vor dem Herrn gedemütigt, als du vernahmst, was ich über diesen Ort und seine Bewohner gesprochen habe: dass sie zu einem Bild des Entsetzens und zum Fluch werden sollen. Du hast deine Kleider zerrissen und vor mir geweint. Darum habe ich dich erhört – Spruch des Herrn. Ich werde dich mit deinen Vätern vereinen, und du sollst im Frieden in deinem Grab beigesetzt werden. Deine Augen sollen all das Unheil nicht mehr sehen, das ich über diesen Ort bringen werde. – Sie berichteten dies dem König.

Nachdem der Hohepriester Hilkija das Buch des Gesetzes gefunden und den König Josia über den Fund unterrichtet hatte, sandte der König den Priester mit einigen anderen Männern zu der Prophetin Hulda, um zu erfragen, was Gott dem Volk sagen wollte. Hulda gab die Gerichtsbotschaft Gottes wahrheitsgetreu an die Gesandten, den König und das ganze Volk weiter.

Prophetin: *Nehemia 6,14*

Mein Gott, vergiss dem Tobija und dem Sanballat nicht, was sie getan haben, auch nicht der Prophetin Noadja und den übrigen Propheten, die mir Angst machen wollten.

In diesem Textabschnitt wird Noadja als eine der wenigen Frauen genannt, die im Alten Testament als Prophetinnen Erwähnung finden: Mirjam (2.Mose 15,20), Debora (Richter 4,4) und Hulda (2.Könige 22,14 und 2.Chronik 34,22).

c) Das Hohelied

Dieses Buch des Alten Testaments bestätigt klar das gleichberechtigte Miteinander beider Geschlechter. Darin gibt es keine männliche Vorherrschaft, keine Unterordnung der Frau und keine festgelegten Rollen.[21]

d) Sprüche 31,10-31

Eine tüchtige Frau, wer findet sie? Sie übertrifft alle Perlen an Wert. Das Herz ihres Mannes vertraut auf sie, und es fehlt ihm nicht an Gewinn. Sie tut ihm Gutes und nichts Böses alle Tage ihres Lebens. Sie sorgt für Wolle und Flachs und schafft mit emsigen Händen. Sie gleicht den Schiffen des Kaufmanns: Aus der Ferne holt sie ihre Nahrung. Noch bei Nacht steht sie auf, um ihrem Haus Speise zu geben (und den Mägden, was ihnen zusteht). Sie überlegt es und kauft einen Acker, vom Ertrag ihrer Hände pflanzt sie einen Weinberg. Sie gürtet ihre Hüften mit Kraft und macht ihre Arme stark. Sie spürt den Erfolg ihrer Arbeit, auch des Nachts erlischt ihre Lampe nicht. Nach dem Spinnrocken greift ihre Hand, ihre Finger fassen die Spindel. Sie öffnet ihre Hand für den Bedürftigen und reicht ihre Hände dem Armen. Ihr bangt nicht für ihr Haus vor dem Schnee; denn ihr ganzes Haus hat wollene Kleider. Sie hat sich Decken gefertigt, Leinen und Purpur sind ihr Gewand. Ihr Mann ist in den Torhallen geachtet, wenn er zu Rat sitzt mit den Ältesten des Landes. Sie webt Tücher und verkauft sie, Gürtel liefert sie dem Händler. Kraft und Würde sind ihr Gewand, sie spottet der drohenden Zukunft. Öffnet sie ihren Mund, dann redet sie klug, und gütige Lehre ist auf ihrer Zunge. Sie achtet auf das, was vorgeht im Haus, und isst nicht träge ihr Brot. Ihre Söhne stehen auf und preisen sie glücklich, auch ihr Mann erhebt sich und rühmt sie. Viele Frauen erwiesen sich tüchtig, doch du übertriffst sie alle. Trügerisch ist Anmut, vergänglich die Schönheit, nur eine gottesfürchtige Frau verdient Lob. Preist sie für den Ertrag ihrer Hände, ihre Werke soll man am Stadttor loben.

Die ideale Ehefrau, wie sie in Sprüche 31 beschrieben wird, ist uns auch unter der Bezeichnung „tugendhafte Ehefrau" oder „gute Ehefrau" bekannt, weil Übersetzer diese Wörter gewählt haben. FAITH MARTIN führt jedoch aus, dass sie auf Hebräisch als *chajil* bezeichnet wird. Dieses Wort bedeutet „tapfer, stark und mächtig". Wenn *chajil* im hebräischen Text auf Männer bezogen ist, geben englische Übersetzer es mit „heldenmütig" oder „tapfer" wieder (...) in Bezug auf Frauen wird es jedoch von den selben Übersetzern als „gut", „ehrenhaft" oder „tugendhaft" übersetzt. Keines dieser Wörter gibt die Bedeutung und Ausdruckskraft von *chajil* hinreichend wieder: „Eine starke Frau – wer findet sie!"[22] Die in diesem Textabschnitt beschriebene Frau verfügt über Grundbesitz, sorgt für ihren Ehemann und ihre Familie, ist großzügig, verkauft von ihr selbst hergestellte Güter, spricht und lehrt mit Weisheit, und wird in den Stadttoren gerühmt (also dort, wo sich die Führungsriege versammelte).

Zusammenfassung

Damit dürfte hinreichend belegt sein, dass Frauen im Alten Testament, obgleich sie allgemein in ihrer Zeit wenig Respekt erfuhren und selten Gelegenheit erhielten, öffentliche Ämter auszuüben, dennoch von Gott berufen, begabt und für bestimmte Aufgaben ausgesondert wurden, und dass ihre Autorität von Menschen anerkannt war. Sicher wird nur von wenigen Frauen berichtet. Aber bei Gott sind sie keine „Ausnahmen", weil es um seinen uneingeschränkten Willen und seine Berufung geht.

Heutzutage gibt es unterschiedliche Ansätze, wenn es um die Stellung der Frau im Alten Testament geht. FAITH MARTIN führt dazu Folgendes aus:

Viele Christen, die an der Vorherrschaft des Mannes festhalten, führen die im Alten Testament überlieferte Lebensart als Gottes Idealvorstellung für das gesellschaftliche Zusammenleben an. Das Patriarchat und das Vatersein Gottes werden als miteinander vereinbare Ideale bzw. nahe liegende Entsprechungen angesehen, die dazu führen, dass die Stellung der Frau im Alten Testament als Gottes Wille für die Gestaltung des modernen Familienlebens betrachtet wird. Säkulare Feministinnen dagegen stellen die ungerechte Behandlung der Frau in den Kulturen des Altertums heraus und verhöhnen Gott als einen chauvinistischen Macho. Sie gehen davon aus, dass Gott das System des Patriarchats entworfen hat.[23]

FAITH MARTIN entgegnet darauf, dass *das Patriarchat keine Besonderheit des hebräischen Volkes war, sondern das beherrschende wirtschaftli-*

che, rechtliche und soziale System der damals bekannten heidnischen Welt bildete. Es ist darum kein unumstößliches Prinzip, das vom Volk Gottes unbedingt aufrecht erhalten werden muss.[24]

1.5   Die Prophezeiung einer neuen Sichtweise – Joel 3,1-2

Danach aber wird es geschehen, dass ich meinen Geist ausgieße über alles Fleisch. Eure Söhne und Töchter werden Propheten sein, eure Alten werden Träume haben, und eure jungen Männer haben Visionen. Auch über Knechte und Mägde werde ich meinen Geist ausgießen in jenen Tagen.

Gott offenbarte Joel, dass eine Zeit kommen würde, in der sein Geist auf alle Glaubenden ausgegossen würde, auf Jung und Alt, Männer und Frauen. Alle Glaubenden würden gleichermaßen teilhaben an der Ausgießung des Geistes und an den Weissagungen, die daraus hervorgehen würden. Dies ist die Ankündigung eines neuen Zeitalters, eines neuen Musters und Bezugrahmens (Paradigmas) – der neuen Sichtweise der Erlösung.

Fragen zum Diskutieren und Nachdenken

1. Welche neuen Einsichten ergaben sich durch Ihre neuerliche Begegnung mit den Schöpfungsberichten?
2. Wenn Sie nur 1.Mose 1 und 2 als biblisches Hintergrundmaterial hätten, welche Schlussfolgerungen würden Sie bezüglich der Rollen und Beziehungen von Männern und Frauen ziehen?
3. Bietet der Schöpfungsbericht in 1.Mose Anhaltspunkte für eine hierarchische Ordnung?
4. Was bedeutet es, dass sowohl Mann als auch Frau zum Bilde Gottes geschaffen sind?
5. Kann die Herrschaft des Mannes über die Frau damit begründet werden, dass Adam zuerst erschaffen wurde?
6. Eva erhielt nach dem Sündenfall von Adam einen Namen. Kann die Auffassung, die Namensgebung sei gleichbedeutend mit „Verfügungsgewalt über" als Beleg dafür dienen, dass Gott bei der Schöpfung eine hierarchische Ordnung im Sinn gehabt habe?
7. Kann es zwischen Männern und Frauen im Hinblick auf ihre Beziehung zu Gott (bzw. auf ihren Dienst für Gott) Unterschiede geben?
8. Wie würden Sie die Gemeinschaft beschreiben, bevor die Sünde Einzug hielt? Und wie sah die Gemeinschaft aus, nachdem die Sünde Einzug gehalten hatte?
9. Wie kann die Vorstellung, dass Gott nicht „männlich" ist, so ausgedrückt werden, dass er dann auch nicht für „weiblich" gehalten wird? Welche Funktion hat für uns eine männliche Bildsprache von Gott? Kann die „weibliche" Bildsprache von Gott in gleicher Weise verstanden werden? Wie können wir klar herausstellen, dass Gott kein geschlechtliches Wesen ist (weder männlich noch weiblich, sondern Geist) und dass die Sexualität (und die Fortpflanzung) ein Merkmal der Schöpfung ist und kein Wesenszug der Gottheit?
10. Stellen Sie sich Gott als Mann vor? Warum bzw. warum nicht?
11. Wer legt fest, welche Eigenschaften (z.B. Erziehung, Unterricht, Stärke, Gefühle, Organisationstalent, Leitungsaufgaben, Bereitschaft zum Dienst, Unterordnung, Sanftmut, Verwund-

barkeit, Martyrium usw.) als weiblich oder männlich angesehen werden? Ist dieses Verständnis biblisch begründet oder kulturell bedingt?

12. Um der Vorstellung, Gott sei männlich, entgegenzuwirken, wurden verschiedene Lösungen vorgeschlagen:
   - Manche bezeichnen Gott zugleich als Mutter und als Vater.
   - Manche lassen alle Bezeichnungen weg, die vorwiegend maskulin verstanden werden (z. B. König, Meister, Herr, Sohn, Vater).
   - Manche verwenden nur Bezeichnungen, die in unserer Kultur als feminin angesehen werden (z.B. Ernährerin, Trösterin, Lebensspenderin).
   - Manche lassen alle maskulinen Pronomen weg, wiederholen das Substantiv und verwenden „Gott selbst" anstelle von „er selbst".
   - Manche sind davon überzeugt, dass wir Bildsprache und Pronomen nicht ändern dürfen, weil Gott sich in männlichem Sprachgebrauch offenbart hat.
   - Manche meinen, dass hier gar kein Problem besteht (das Problem liege vielmehr bei denjenigen, die darin ein Problem sehen), schließlich sei es bisher immer so gewesen und solle auch immer so bleiben.
   - Manche sagen: „Ich persönlich sehe hier kein Problem, aber ich weiß, dass es für manche Menschen eine schwierige Frage ist. Deshalb möchte ich an diesem Punkt sensibel sein."
   Was sagen Sie dazu?

Die Auslegung der Schrift

2. Das Neue Testament.
Die neue Sichtweise der Erlösung

2.1. Das kulturelle Umfeld

Bei der Betrachtung der Umwelt des Neuen Testaments dürfen wir nicht vergessen, dass die Frauen, denen Jesus begegnete, meist ländlicher Herkunft und jüdischer Abstammung waren. Sie waren deshalb mehrheitlich von der jüdischen Kultur geprägt, obwohl zu jener Zeit die römisch-hellenistischen Einflüsse vorherrschten. Sie wussten also genau, wo „ihr Platz" war. Die Aufgaben der Frau lagen damals vorwiegend in Familie und Haushalt, während die Öffentlichkeit dem Mann vorbehalten blieb.

Die Überlieferungen in Bezug auf die Rolle jüdischer Frauen in religiösen Angelegenheiten besagen, dass sich ihre religiösen Rechte und Pflichten im Wesentlichen auf Aufgaben beschränkten, die zu Hause ausgeführt werden konnten. Laut rabbinischer Auslegung der biblischen Vorgaben aus 3.Mose 15 durften Frauen an den religiösen Ritualen im Tempel nur sehr eingeschränkt teilnehmen. Außerdem wurde ihnen durch bestimmte Auffassungen über gesellschaftliche Gepflogenheiten auch in den Tagen Jesu das Recht verwehrt, in der Synagoge aus den Schriftrollen vorzulesen, was ihnen theoretisch zugestanden hätte.[1]

In „BIBLICAL AFFIRMATIONS OF WOMEN" führt LEONARD SWIDLER aus, dass *das Herz des Judentums im Studium und der Auslegung der Thora (des Gesetzes) liegt und dass die Statusunterschiede zwischen Mann und Frau dort ausdrücklich festgelegt sind; schließlich war es den Frauen verboten, die Schrift (Thora) zu studieren.*[2]

Er zitiert aus der MISCHNA: *Es wäre besser, die Worte der Thora zu verbrennen, als sie einer Frau anzuvertrauen.*[3]

SWIDLER schreibt weiter: *Frauen waren auch beim öffentlichen Gebet stark eingeschränkt. Sie zählten nicht mit, wenn es darum ging, die erforderliche Anzahl von Gläubigen für einen gemeinsamen Gottesdienst zusammen zu bringen. Sie standen auf einer Stufe mit Kindern und Sklaven, die in dieser Hinsicht ebenfalls nicht von Bedeutung waren,*

(... und) sie durften weder laut vorlesen noch irgendwelche Leitungsfunktionen ausüben.[4] Ein Rabbi unterhielt sich in der Öffentlichkeit nicht mit Frauen und grüßte nicht einmal seine eigene Frau, Tochter oder Mutter.[5] Eine Frau hatte den Haushalt zu versorgen, Kinder zu gebären und aufzuziehen. In seltenen Ausnahmefällen durfte sie sich von ihrem Ehemann scheiden lassen, wogegen für Männer keine solchen Einschränkungen galten.

Obwohl die Rechte von Frauen sehr stark limitiert waren und sie praktisch keinen Zugang zum öffentlichen Leben erhielten, konnten sie zu Hause doch beträchtlichen Einfluss ausüben.[6] Es ist jedoch nicht bekannt, in welchem Umfang sich die Frauen selbst innerhalb der Familie mit der Thora als Lehrerin oder Schülerin befassen durften, denn es war ihnen nicht nur verboten, die Thora zu studieren, sondern wie Kinder und Sklaven waren sie von der Pflicht entbunden, das Morgengebet und die Tischgebete bei den Mahlzeiten zu sprechen (Mischna 3,3)[7].

Weitere Unklarheiten entstanden durch die unterschiedlichen Lehraussagen der Rabbis. Während viele Rabbis sich sehr abfällig über Frauen äußerten, hielt RABBI BEN AZZAI daran fest, dass ein Vater seiner Tochter ein Grundverständnis des Gesetzes vermitteln solle.[8] In der MISCHNA steht Folgendes: *Er soll seine Söhne und Töchter die Schrift lehren.*[9]

Wie Tucker und LIEFELD in „DAUGHTERS OF THE CHURCH" ausführen, konnten Frauen *auf informellem Wege manches lernen, wie z. B. durch die Auslegung in der Synagoge, aber eine Frau hätte sich niemals von sich aus offiziell einem Rabbi als Schülerin angeschlossen.*[10]

In dieser jüdischen Gesellschaft mit ihrer ambivalenten Haltung gegenüber Frauen wurde Jesus zum ersten Verfechter eines neuen Denkmusters (Paradigmas) mit neuen Werten, neuen Ansichten und neuen Verhaltensweisen.

2.2 Die notwendige Grundhaltung

Lukas 22,24-30

Es entstand unter ihnen ein Streit darüber, wer von ihnen wohl der Größte sei. Da sagte Jesus: Die Könige herrschen über ihre Völker, und die Mächtigen lassen sich Wohltäter nennen. Bei euch aber soll es nicht so sein, sondern der Größte unter euch soll werden wie der Kleinste, und der Führende soll werden wie der Dienende. Welcher von beiden ist größer: wer bei Tisch sitzt oder wer bedient? Natürlich der, der bei Tisch sitzt. Ich aber bin unter euch wie der, der bedient. In allen meinen Prüfungen habt ihr bei mir ausgeharrt. Darum vermache ich euch das Reich, wie es mein Vater mir vermacht hat: Ihr sollt in meinem Reich mit mir an meinem Tisch essen und trinken, und ihr sollt auf Thronen sitzen und die zwölf Stämme Israels richten.

Ein geeigneter Ausgangspunkt für die Betrachtung der Haltung Jesu zur Stellung der Frau ist der Abschnitt in Luk. 22, in dem Jesus darlegt, mit welcher Einstellung Christen Leitungsaufgaben ausüben sollen.

Als Reaktion auf einen Streit unter den Jüngern betont Jesus, dass Dienstbereitschaft und nicht ein Autoritätsanspruch das Fundament der neuen Gemeinschaft bildet. Seine Nachfolger sollen es nicht den Heiden gleichtun, die sich zu Wohltätern erheben und diese Stellung ausnutzen, um über andere zu herrschen; vielmehr sollen sie sich gegenseitig freiwillig dienen.

Die Gemeinschaft der Glaubenden soll nach anderen Regeln leben als die Menschen in ihrem Umfeld. Ihr Erkennungszeichen soll die demütige Bereitschaft zum Dienen sein.

Mit diesem Motto für den christlichen Dienst vor Augen können wir uns nun dem zuwenden, was Jesus in Bezug auf Frauen lehrt.

2.3   Die Lehre und das Vorbild Jesu

Matthäus 19,29 (Mark. 10,29-30)

Und jeder, der um meines Namens willen Häuser oder Brüder, Schwestern, Vater, Mutter, Kinder oder Äcker verlassen hat, wird dafür das Hundertfache erhalten und das ewige Leben gewinnen.

Im Wertesystem Jesu ist ein Verlust gleich hoch einzuschätzen, egal, ob ein Bruder oder eine Schwester verlassen wird. Für ihn ist es offensichtlich auch erwähnenswert, eine Schwester verlassen zu haben – ganz im Gegensatz zur traditionell jüdischen Denkweise. Jesus sah Frauen als wertvolle und wertgeachtete Personen an und tat sie nicht verächtlich als Menschen zweiter Klasse ab.[11]

Matthäus 26,6-13 (Mark. 14,3-9; Joh. 12,1-8)

Als Jesus in Betanien im Haus Simons des Aussätzigen bei Tisch war, kam eine Frau mit einem Alabastergefäß voll kostbarem, wohlriechendem Öl zu ihm und goss es über sein Haar. Die Jünger wurden unwillig, als sie das sahen, und sagten: Wozu diese Verschwendung? Man hätte das Öl teuer verkaufen und das Geld den Armen geben können. Jesus bemerkte ihren Unwillen und sagte zu ihnen: Warum lasst ihr die Frau nicht in Ruhe? Sie hat ein gutes Werk an mir getan. Denn die Armen habt ihr immer bei euch, mich aber habt ihr nicht immer. Als sie das Öl über mich goss, hat sie meinen Leib für das Begräbnis gesalbt. Amen, ich sage euch: Überall auf der Welt, wo dieses Evangelium verkündet wird, wird man sich an sie erinnern und erzählen, was sie getan hat.

Über diese Stelle ist viel geschrieben worden. Eine wichtige Beobachtung dazu ist, dass Jesus hier die Jünger tadelt, weil sie ihre eigene geistliche Einsicht für tiefer hielten als die Marias.[12] Verschiedene Autoren bezeichnen Maria als die erste Person, die verstanden hat, was der Tod Jesu wirklich bedeutete,[13] und führen aus, dass sie durch das verschwenderische Einsalben mit teurem

Parfüm Jesus auf sein Begräbnis vorbereiten will.[14] (Vgl. die weiteren Kommentare zu diesem Ereignis in Joh. 12,1-8.)

Markus 5,22-42

Während er noch am See war, kam ein Synagogenvorsteher namens Jairus zu ihm. Als er Jesus sah, fiel er ihm zu Füßen und flehte ihn um Hilfe an; er sagte: Meine Tochter liegt im Sterben. Komm und leg ihr die Hände auf, damit sie wieder gesund wird und am Leben bleibt. Da ging Jesus mit ihm. Viele Menschen folgten ihm und drängten sich um ihn. Darunter war eine Frau, die schon zwölf Jahre an Blutungen litt. Sie war von vielen Ärzten behandelt worden und hatte dabei sehr zu leiden; ihr ganzes Vermögen hatte sie ausgegeben, aber es hatte ihr nichts genutzt, sondern ihr Zustand war immer schlimmer geworden. Sie hatte von Jesus gehört. Nun drängte sie sich in der Menge von hinten an ihn heran und berührte sein Gewand. Denn sie sagte sich: Wenn ich auch nur sein Gewand berühre, werde ich geheilt. Sofort hörte die Blutung auf, und sie spürte deutlich, dass sie von ihrem Leiden geheilt war. Im selben Augenblick fühlte Jesus, dass eine Kraft von ihm ausströmte, und er wandte sich in dem Gedränge um und fragte: Wer hat mein Gewand berührt? Seine Jünger sagten zu ihm: Du siehst doch, wie sich die Leute um dich drängen, und da fragst du: Wer hat mich berührt? Er blickte umher, um zu sehen, wer es getan hatte. Da kam die Frau, zitternd vor Furcht, weil sie wusste, was mit ihr geschehen war; sie fiel vor ihm nieder und sagte ihm die ganze Wahrheit. Er aber sagte zu ihr: Meine Tochter, dein Glaube hat dir geholfen. Geh in Frieden! Du sollst von deinem Leiden geheilt sein. Während Jesus noch redete, kamen Leute, die zum Haus des Synagogenvorstehers gehörten, und sagten (zu Jairus): Deine Tochter ist gestorben. Warum bemühst du den Meister noch länger? Jesus, der diese Worte gehört hatte, sagte zu dem Synagogenvorsteher: Sei ohne Furcht; glaube nur! Und er ließ keinen mitkommen außer Petrus, Jakobus und Johannes, den Bruder des Jakobus. Sie gingen zum Haus des Synagogenvorstehers. Als Jesus den Lärm bemerkte und hörte, wie die Leute laut weinten und jammerten, trat er ein und sagte zu ihnen: Warum schreit und weint ihr? Das

Kind ist nicht gestorben, es schläft nur. Da lachten sie ihn aus. Er aber schickte alle hinaus und nahm außer seinen Begleitern nur die Eltern mit in den Raum, in dem das Kind lag. Er fasste das Kind an der Hand und sagte zu ihm: Talita kum!, das heißt übersetzt: Mädchen, ich sage dir, steh auf! Sofort stand das Mädchen auf und ging umher. Es war zwölf Jahre alt. Die Leute gerieten außer sich vor Entsetzen.

In diesem Textabschnitt handelt Jesus gegen die traditionellen jüdischen Vorschriften. Als eine „unreine" Frau ihn berührte, sprach er mit ihr, hieß sie willkommen und entließ sie als geheilt. Anschließend ging er nicht, wie es die damalige Vorschrift erforderte, zum Tempel, um sich dort dem Reinigungsritual zu unterziehen. Stattdessen setzte er seinen Weg fort und weckte ein weiteres weibliches Wesen, die Tochter des Jairus, von den Toten auf. In einer Kultur, die von Frauen wenig hielt, gab er den Frauen Würde, Ehre, Respekt und Selbstwertgefühl zurück.

Markus 10,11-12

Er antwortete ihnen: Wer seine Frau aus der Ehe entlässt und eine andere heiratet, begeht ihr gegenüber Ehebruch. Auch eine Frau begeht Ehebruch, wenn sie ihren Mann aus der Ehe entlässt und einen anderen heiratet.

Dies war eine ziemlich radikale Aussage Jesu, weil es den Tatbestand des Ehebruchs für einen Mann rechtlich damals gar nicht gab. Außerdem konnte zwar ein Mann sich von seiner Frau scheiden, aber eine Frau konnte sich nicht von ihrem Mann trennen. Die Gesetze zur Ehescheidung sind in 5.Mose 24,1-4 niedergelegt.

SWIDLER merkt hierzu Folgendes an: *Da in Israel die Frau Eigentum des Mannes war und nicht umgekehrt, konnte der Mann das Eigentumsrecht an seiner Frau für nichtig erklären, d.h. sich von seiner Frau scheiden lassen, aber die Frau konnte sich nicht von ihm trennen.*[15]

Lukas 10,38-42

Sie zogen zusammen weiter, und er kam in ein Dorf. Eine Frau namens Marta nahm ihn freundlich auf. Sie hatte eine Schwester, die Maria hieß. Maria setzte sich dem Herrn zu Füßen und hörte seinen Worten zu. Marta aber war ganz davon in Anspruch genommen, für ihn zu sorgen. Sie kam zu ihm und sagte: Herr, kümmert es dich nicht, dass meine Schwester die ganze Arbeit mir allein überlässt? Sag ihr doch, sie soll mir helfen! Der Herr antwortete: Marta, Marta, du machst dir viele Sorgen und Mühen. Aber nur eines ist notwendig. Maria hat das Bessere gewählt, das soll ihr nicht genommen werden.

Der Aufgabenbereich einer Frau war vor allem anderen ihr Haus. Dort konnte sie auch am besten vor Unkeuschheit geschützt werden. Frauen wurden häufig so behandelt, als hätten sie zu einem Gespräch nichts Sinnvolles beizutragen und als wären sie kaum in der Lage, den Versuchungen des öffentlichen Lebens zu widerstehen.[16] Der Umgang Jesu mit Maria steht in direktem Kontrast zu dieser damals vorherrschenden Auffassung.

Zur damaligen Zeit durften Frauen das Gesetz nicht studieren; von ihnen erwartete man, dass sie dienten. „Sich zu jemandes Füßen niedersetzen" war damals die typische Haltung von Lernenden. SPENCER führt aus, *dass Jesus die damaligen Verhaltensmuster völlig auf den Kopf stellte, als er zuließ, dass Maria zu seinen Füßen saß, anstatt Marta beim Bedienen behilflich zu sein: Indem er die Rolle der Frau als Lernende ihrer Aufgabe als Hausfrau vorzieht (...) weist Jesus darauf hin, dass das Hausfrauendasein als solches keine Priorität hat. Damit unterstreicht Jesus eine alte Aussage aus 5. Mose 31,12: „Männer, Frauen, Kinder und Fremde sollen den Herrn fürchten und alle seine Gesetze befolgen."*[17]

Lukas 11,27-28

Als er das sagte, rief eine Frau aus der Menge ihm zu: Selig die Frau, deren Leib dich getragen und deren Brust dich genährt hat. Er aber erwiderte: Selig sind vielmehr die, die das Wort Gottes hören und es befolgen.

Jesus will hier nicht in Abrede stellen, dass seine Mutter gesegnet ist, sondern er macht deutlich, dass der Segen nicht in ihrem Muttersein begründet ist, sondern in ihrem Glauben. Nach Jesu Auffassung ist Segen nicht die Folge einer biologischen Funktion, sondern einer geistlichen Entscheidung. SPENCER meint dazu: *Diejenigen Frauen, die Gottes Wort hören und tun, empfangen viel größeren Segen als die Frauen, die die weisesten Lehrer großziehen. (...) und in seinem ganzen Wirken unterstrich er immer wieder, dass die Treue ihm gegenüber viel wichtiger ist als die Loyalität zur eigenen Familie.*[18]

Lukas 13,10-17

Am Sabbat lehrte Jesus in einer Synagoge. Dort saß eine Frau, die seit achtzehn Jahren krank war, weil sie von einem Dämon geplagt wurde; ihr Rücken war verkrümmt, und sie konnte nicht mehr aufrecht gehen. Als Jesus sie sah, rief er sie zu sich und sagte: Frau, du bist von deinem Leiden erlöst. Und er legte ihr die Hände auf. Im gleichen Augenblick richtete sie sich auf und pries Gott. Der Synagogenvorsteher aber war empört darüber, dass Jesus am Sabbat heilte, und sagte zu den Leuten: Sechs Tage sind zum Arbeiten da. Kommt also an diesen Tagen und lasst euch heilen, nicht am Sabbat! Der Herr erwiderte ihm: Ihr Heuchler! Bindet nicht jeder von euch am Sabbat seinen Ochsen oder Esel von der Krippe los und führt ihn zur Tränke? Diese Tochter Abrahams aber, die der Satan schon seit achtzehn Jahren gefesselt hielt, sollte am Sabbat nicht davon befreit werden dürfen? Durch diese Worte wurden alle seine Gegner beschämt; das ganze Volk aber freute sich über all die großen Taten, die er vollbrachte.

Jesus war zornig über die Hartherzigkeit des Synagogenvorstehers und rügte ihn, weil er den Wert von Traditionen und Vieh höher achtete als die Bedürfnisse der verkrüppelten Frau. Er erinnerte ihn daran, dass sie ebenso ein Nachkomme Abrahams war wie der Synagogenvorsteher selbst.[19] Dass sie beachtet, angerührt und geheilt wurde, rief sehr große Freude hervor. MARY EVANS kommentiert die besondere Bedeutung der Tatsache, dass Jesus die Frau als „Tochter Abrahams" bezeichnet: *Die Bezeichnung „Sohn Abrahams" wurde häufig verwendet, insbesondere um den Wert eines Mannes*

hervorzuheben, der dem Volk des Bundes angehörte. Der Ehrentitel
„Tochter Abrahams" kommt in den Schriften des Judentums jedoch so gut
wie gar nicht vor. Anscheinend verwendete Jesus diese Bezeichnung ganz
bewusst, um den Wert und die Würde dieser Frau hervorzuheben. [20]

Johannes 4,7-42

Da kam eine samaritische Frau, um Wasser zu schöpfen. Jesus
sagte zu ihr: Gib mir zu trinken! Seine Jünger waren nämlich in
den Ort gegangen, um etwas zum Essen zu kaufen. Die samaritische Frau sagte zu ihm: Wie kannst du als Jude mich, eine
Samariterin, um Wasser bitten? Die Juden verkehren nämlich
nicht mit den Samaritern. Jesus antwortete ihr: Wenn du wüsstest,
worin die Gabe Gottes besteht und wer es ist, der zu dir sagt: Gib
mir zu trinken!, dann hättest du ihn gebeten, und er hätte dir
lebendiges Wasser gegeben. Sie sagte zu ihm: Herr, du hast kein
Schöpfgefäß, und der Brunnen ist tief; woher hast du also das
lebendige Wasser? Bist du etwa größer als unser Vater Jakob, der
uns den Brunnen gegeben und selbst daraus getrunken hat, wie
seine Söhne und seine Herden? Jesus antwortete ihr: Wer von
diesem Wasser trinkt, wird wieder Durst bekommen; wer aber
von dem Wasser trinkt, das ich ihm geben werde, wird niemals
mehr Durst haben; vielmehr wird das Wasser, das ich ihm gebe, in
ihm zur sprudelnden Quelle werden, deren Wasser ewiges Leben
schenkt. Da sagte die Frau zu ihm: Herr, gib mir dieses Wasser,
damit ich keinen Durst mehr habe und nicht mehr hierher kommen muss, um Wasser zu schöpfen. Er sagte zu ihr: Geh, ruf deinen Mann, und komm wieder her! Die Frau antwortete: Ich habe
keinen Mann. Jesus sagte zu ihr: Du hast richtig gesagt: Ich habe
keinen Mann. Denn fünf Männer hast du gehabt, und der, den du
jetzt hast, ist nicht dein Mann. Damit hast du die Wahrheit gesagt.
Die Frau sagte zu ihm: Herr, ich sehe, dass du ein Prophet bist.
Unsere Väter haben auf diesem Berg Gott angebetet; ihr aber
sagt, in Jerusalem sei die Stätte, wo man anbeten muss. Jesus
sprach zu ihr: Glaube mir, Frau, die Stunde kommt, zu der ihr
weder auf diesem Berg noch in Jerusalem den Vater anbeten werdet. Ihr betet an, was ihr nicht kennt, wir beten an, was wir kennen; denn das Heil kommt von den Juden. Aber die Stunde

kommt, und sie ist schon da, zu der die wahren Beter den Vater anbeten werden im Geist und in der Wahrheit; denn so will der Vater angebetet werden. Gott ist Geist, und alle, die ihn anbeten, müssen im Geist und in der Wahrheit anbeten. Die Frau sagte zu ihm: Ich weiß, dass der Messias kommt, das ist: der Gesalbte (Christus). Wenn er kommt, wird er uns alles verkünden. Da sagte Jesus zu ihr: Ich bin es, ich, der mit dir spricht.

Inzwischen waren seine Jünger zurückgekommen. Sie wunderten sich, dass er mit einer Frau sprach, aber keiner sagte: Was willst du?, oder: Was redest du mit ihr? Da ließ die Frau ihren Wasserkrug stehen, eilte in den Ort und sagte zu den Leuten: Kommt her, seht, da ist ein Mann, der mir alles gesagt hat, was ich getan habe: Ist er vielleicht der Messias? Da liefen sie hinaus aus dem Ort und gingen zu Jesus. Währenddessen drängten ihn seine Jünger: Rabbi, iss! Er aber sagte zu ihnen: Ich lebe von einer Speise, die ihr nicht kennt. Da sagten die Jünger zueinander: Hat ihm jemand etwas zu essen gebracht? Jesus sprach zu ihnen: Meine Speise ist es, den Willen dessen zu tun, der mich gesandt hat, und sein Werk zu Ende zu führen. Sagt ihr nicht: Noch vier Monate dauert es bis zur Ernte? Ich aber sage euch: Blickt umher und seht, dass die Felder weiß sind, reif zur Ente. Schon empfängt der Schnitter seinen Lohn und sammelt Frucht für das ewige Leben, sodass sich der Sämann und der Schnitter gemeinsam freuen. Denn hier hat das Sprichwort recht: Einer sät, und ein anderer erntet. Ich habe euch gesandt, zu ernten, wofür ihr nicht gearbeitet habt; andere haben gearbeitet, und ihr erntet die Frucht ihrer Arbeit. Viele Samariter aus jenem Ort kamen zum Glauben an Jesus auf das Wort der Frau hin, die bezeugt hatte: Er hat mir alles gesagt, was ich getan habe. Als die Samariter zu ihm kamen, baten sie ihn, bei ihnen zu bleiben; und er blieb dort zwei Tage. Und noch viel mehr Leute kamen zum Glauben an ihn aufgrund seiner eigenen Worte. Und zu der Frau sagten sie: Nicht mehr aufgrund deiner Aussage glauben wir, sondern weil wir ihn selbst gehört haben und nun wissen: Er ist wirklich der Retter der Welt.

Das längste überlieferte Gespräch mit einer einzelnen Person führt Jesus mit einer Frau, einer Samariterin. Jesus wandte sich immer wieder den Randgruppen der Gesellschaft zu, den Leprakranken, den Krüppeln, den Blinden und den Frauen, und er behandelte sie mit Würde und Respekt. In diesem Fall bricht er alle gesellschaftlichen Tabus, indem er mit einer Frau redet, die zugleich dem Volk der Samariter angehört. *Er erkannte, dass die Frau geistliches Urteilsvermögen besaß.*[21] *Indem er (diese Frau) als erste „Evangelistin" auswählt, bringt Jesus zum Ausdruck, dass die Maßstäbe der Welt für die gesellschaftliche Akzeptanz eines Menschen nicht die entscheidenden Faktoren für den christlichen Dienst sind.*[22]

Johannes 11,2-45

Maria ist es, die den Herrn mit Öl gesalbt und seine Füße mit ihrem Haar abgetrocknet hat; deren Bruder Lazarus war krank. Daher sandten die Schwestern Jesus die Nachricht: Herr, dein Freund ist krank. Als Jesus das hörte, sagte er: Diese Krankheit wird nicht zum Tod führen, sondern dient der Verherrlichung Gottes. Durch sie soll der Sohn Gottes verherrlicht werden. Denn Jesus liebte Marta, ihre Schwester und Lazarus. Als er hörte, dass Lazarus krank war, blieb er noch zwei Tage an dem Ort, wo er sich aufhielt. Danach sagte er zu den Jüngern: Lasst uns wieder nach Judäa gehen. Die Jünger entgegneten ihm: Rabbi, eben noch wollten dich die Juden steinigen, und du gehst wieder dorthin? Jesus antwortete: Hat der Tag nicht zwölf Stunden? Wenn jemand am Tag umhergeht, stößt er nicht an, weil er das Licht dieser Welt sieht; wenn aber jemand in der Nacht umhergeht, stößt er an, weil das Licht nicht in ihm ist. So sprach er. Dann sagte er zu ihnen: Lazarus, unser Freund, schläft; aber ich gehe hin, um ihn aufzuwecken. Da sagten die Jünger zu ihm: Herr, wenn er schläft, dann wird er gesund werden. Jesus hatte aber von seinem Tod gesprochen, während sie meinten, er spreche von dem gewöhnlichen Schlaf. Darauf sagte ihnen Jesus unverhüllt: Lazarus ist gestorben. Und ich freue mich für euch, dass ich nicht dort war; denn ich will, dass ihr glaubt. Doch wir wollen zu ihm gehen. Da sagte Thomas, genannt Didymus (Zwilling), zu den anderen Jüngern: Dann lasst uns mit ihm gehen, um mit ihm zu sterben.

Als Jesus ankam, fand er Lazarus schon vier Tag im Grab liegen. Betanien war nahe bei Jerusalem, etwa fünfzehn Stadien* entfernt. Viele Juden waren zu Marta und Maria gekommen, um sie wegen ihres Bruders zu trösten. Als Marta hörte, dass Jesus komme, ging sie ihm entgegen, Maria aber blieb im Haus. Marta sagte zu Jesus: Herr, wärst du hier gewesen, dann wäre mein Bruder nicht gestorben. Aber auch jetzt weiß ich: Alles, worum du Gott bittest, wird Gott dir geben. Jesus sagte zu ihr: Dein Bruder wird auferstehen. Marta sagte zu ihm: Ich weiß, dass er auferstehen wird bei der Auferstehung am Letzten Tag. Jesus erwiderte ihr: Ich bin die Auferstehung und das Leben. Wer an mich glaubt, wird leben, auch wenn er stirbt, und jeder, der lebt und an mich glaubt, wird auf ewig nicht sterben. Glaubst du das? Marta antwortete ihm: Ja, Herr, ich glaube, dass du der Messias bist, der Sohn Gottes, der in die Welt kommen soll. Nach diesen Worten ging sie weg, rief heimlich ihre Schwester Maria und sagte zu ihr: Der Meister ist da und lässt dich rufen. Als Maria das hörte, stand sie sofort auf und ging zu ihm. Denn Jesus war noch nicht in das Dorf gekommen; er war noch dort, wo ihn Marta getroffen hatte. Die Juden, die bei Maria im Haus waren und sie trösteten, sahen, dass sie plötzlich aufstand und hinausging. Da folgten sie ihr, weil sie meinten, sie gehe zum Grab, um dort zu weinen. Als Maria dorthin kam, wo Jesus war, und ihn sah, fiel sie ihm zu Füßen und sagte zu ihm: Herr, wärst du hier gewesen, dann wäre mein Bruder nicht gestorben. Als Jesus sah, wie sie weinte und wie auch die Juden weinten, die mit ihr gekommen waren, war er im Innersten erregt und erschüttert. Er sagte: Wo habt ihr ihn bestattet? Sie antworteten ihm: Herr, komm und sieh! Da weinte Jesus. Die Juden sagten: Seht, wie lieb er ihn hatte! Einige aber sagten: Wenn er dem Blinden die Augen geöffnet hat, hätte er dann nicht auch verhindern können, dass dieser hier starb? Da wurde Jesus wiederum innerlich erregt, und er ging zum Grab. Es war eine Höhle, die mit einem Stein verschlossen war. Jesus sagte: Nehmt den Stein weg! Marta, die Schwester des Verstorbenen, entgegnete ihm: Herr, er riecht aber schon, denn es ist bereits der vierte Tag. Jesus sagte zu ihr: Habe ich dir nicht gesagt: Wenn du glaubst, wirst du die Herrlichkeit Gottes sehen? Da nahmen sie den Stein weg. Jesus aber erhob seine Augen und sprach: Vater, ich danke dir, dass du mich erhört hast. Ich wusste, dass du mich immer erhörst; aber wegen der Menge, die um mich herum steht, habe ich es gesagt; denn sie sollen glauben, dass du mich gesandt hast. Nachdem er dies gesagt hatte, rief er mit lauter Stimme: Lazarus, komm heraus! Da kam der Verstorbene heraus; seine Füße und Hände waren mit Binden umwickelt, und sein Gesicht war mit einem Schweißtuch verhüllt. Jesus sagte zu ihnen: Löst ihm die Binden, und lasst ihn weggehen! Viele der Juden, die zu Maria gekommen waren und gesehen hatten, was Jesus getan hatte, kamen zum Glauben an ihn.

* Fünfzehn griechische Stadien sind ungefähr drei Kilometer.

In diesem Abschnitt zeigt Marta (von der es an anderer Stelle heißt, dass sie verärgert war, weil ihre Schwester Maria nicht bei der Hausarbeit half), dass sie sehr wohl verstanden hat, wer Jesus wirklich ist. Ihre Aussage entspricht fast wörtlich der Aussage des Petrus. Die meisten von uns wissen, dass Petrus sagte: „Du bist der Christus, der Sohn des lebendigen Gottes" (Matth. 16,16), aber nur wenige wissen, dass Marta einmal genau die gleiche Glaubensaussage gemacht hat.

Johannes 12,1-8

Sechs Tage vor dem Paschafest kam Jesus nach Betanien, wo Lazarus war, den er von den Toten auferweckt hatte. Dort bereiteten sie ihm ein Mahl; Marta bediente, und Lazarus war unter denen, die mit Jesus bei Tisch waren. Da nahm Maria ein Pfund echtes, kostbares Nardenöl, salbte Jesus die Füße und trocknete sie mit ihrem Haar. Das Haus wurde vom Duft des Öls erfüllt. Doch einer von seinen Jüngern, Judas Iskariot, der ihn später verriet, sagte: Warum hat man dieses Öl nicht für dreihundert Denare verkauft und den Erlös den Armen gegeben? Das sagte er aber nicht, weil er ein Herz für die Armen gehabt hätte, sondern weil er ein Dieb war; er hatte nämlich die Kasse und veruntreute die Einkünfte. Jesus erwiderte: Lass sie, damit sie es für den Tag meines Begräbnisses tue. Die Armen habt ihr immer bei euch, mich aber habt ihr nicht immer bei euch.

Sechs Tage vor dem Passahfest war Jesus zu Besuch in Betanien, und erneut lesen wir, dass Maria zu Jesu Füßen saß. Diesmal salbte sie seine Füße mit Salböl und trocknete sie mit ihren Haaren.[23] Maria verstand, *in welcher Weise Jesus der Messias war, und zeigte damit eine tiefe theologische Erkenntnis, die die männlichen Jünger Jesu in seiner gesamten Wirkenszeit auf der Erde nicht hatten.*[24] SWIDLER bemerkt dazu, dass *Frauen nicht zusammen mit den Männern aßen, wenn Gäste anwesend waren, ja sie betraten nicht einmal den Raum, in dem gegessen wurde.*[25] Und auch hier verteidigt Jesus das Verhalten der Maria, obwohl sie damit gesellschaftliche Regeln verletzte und in einer Weise handelte, die unziemlich erschien.

Zusammenfassung

Die Lehre Jesu und sein Umgang mit Frauen zeigen deutlich, dass das Modell für die Rollenverteilung von Frauen und Männern innerhalb der Gemeinde so gestaltet werden soll, dass wir einander ermutigen und vorwärts bringen auf der Grundlage von Begabungen und motiviert durch die Bereitschaft zum Dienst. Jesus begründete eine neue Ära, und sein Umgang mit Frauen soll für uns Vorbild sein.

Jesus stellte sich nicht mit Plakaten auf öffentliche Plätze, um zu demonstrieren, dass auch Frauen Menschen sind und in gleicher Weise wie die Männer als Ebenbild Gottes erschaffen wurden. Ganz einfach und ohne viel Aufhebens setzte er durch sein Verhalten die traditionellen Vorstellungen außer Kraft. Dabei war sein Verhalten an sich provozierend und bedeutsam genug, um diese Begegnungen weiter zu überliefern und schließlich schriftlich festzuhalten.

Jesus zeigt eine Grundhaltung, die den Frauen Hochachtung entgegenbrachte. Er war bereit, die damaligen gesellschaftlichen Konventionen zu durchbrechen, um Würde, Menschsein und geistliche Offenheit von Frauen zu unterstreichen. Einige Beispiele dafür:

- Seine Begegnung mit Maria und Martha.
- Das Berühren der Frau mit chronischen Menstruationsblutungen.
- Sein Reden mit der Samariterin am Brunnen.
- Seine Erwähnung von Frauen in Gleichnissen.

Jesus gewährte Frauen die Freiheit, ihn und seine Botschaft der Gnade und Vergebung mit überströmender Dankbarkeit anzunehmen; die Freiheit, ihren Dank im Dienst für ihn und an anderen auszudrücken; und die Freiheit, ihre Gaben in diesem Dienst einzusetzen.

2.4 Die Erfüllung der Joel-Prophetie

Apostelgeschichte 2,16-18

… sondern jetzt geschieht, was durch den Propheten Joel gesagt worden ist: In den letzten Tagen wird es geschehen, so spricht Gott: Ich werde von meinem Geist ausgießen über alles Fleisch. Eure Söhne und eure Töchter werden Propheten sein, eure jungen Männer werden Visionen haben, und eure Alten werden Träume haben. Auch über meine Knechte und Mägde werde ich von meinem Geist ausgießen in jenen Tagen, und sie werden Propheten sein.

Manche Ausleger sind der Ansicht, dass nur ein Teil dieser Prophezeiung Joels im „Zeitalter der Gemeinde" erfüllt wird und dass das prophetische Miteinander von Frauen und Männern erst im „Zeitalter des Königreichs" Wirklichkeit werden wird.

Diese Meinung stellen RUTH TUCKER und WALTER LIEFELD in ihrem Buch „DAUGHTERS OF THE CHURCH" in Frage. Sie schreiben: *Es lässt sich wohl kaum eine eindeutigere Formulierung finden, die zum Ausdruck bringt, dass Gottes Geist und der von ihm initiierte prophetische Dienst ohne Abstriche und völlig gleichberechtigt auf Frauen und Männer übergehen wird.*[26]

Petrus selbst bestätigt eindeutig, dass sich die Prophezeiung Joels erfüllte, als an Pfingsten der Heilige Geist über Männer und Frauen ausgegossen wurde und sie gemeinsam begannen, das Wort des Herrn zu verkündigen oder zu „weissagen".

Wieder andere Ausleger stimmen der Auffassung zu, dass Frauen weissagen können, aber sie betonen, es gäbe einen Unterschied zwischen den Weissagungen von Frauen und den Weissagungen von Männern, indem sie eine Unterscheidung treffen, dass nämlich die von Joel und Petrus gemeinten Weissagungen etwas anderes seien als die „Verkündigung", die nur von Männern ausgeübt werden könne

– denn nur sie könnten mit „Autorität" sprechen, was den Frauen
ja verboten sei. Wer so argumentiert, missachtet völlig, dass der
Begriff „Weissagung" in der ganzen Schrift durchgehend bedeutet,
ein Wort des Herrn auszusprechen: Der Prophet war das Sprachrohr
Gottes.[27]

2.5   Die Lehre des Apostels Paulus

Im Unterschied zu Jesus hatte es Paulus meist mit Frauen aus dem
städtischen Umfeld zu tun. Einige von ihnen waren offensichtlich
wohlhabend. Viele von ihnen stammten nicht aus dem Judentum,
sodass ihre religiösen Erfahrungen und Kenntnisse meist in heidnischen Kulten beheimatet waren.

Die in den Synagogen abgehaltenen Gottesdienste waren in erster
Linie jüdisch geprägt. Obgleich viele Judenchristen auch weiterhin
in die Synagoge gingen, versammelte sich die Mehrheit der Christen
in Privathäusern zum Gottesdienst. Bei ihnen gab es darum keine
klare Trennlinie zwischen Kirche und Familie, wie sie heute in vielen Kulturkreisen praktiziert wird. Dies veranlasst den Apostel Paulus
dazu, neben seinen Anweisungen für die gottesdienstliche Gemeinde
auch die Situation in den Familien und Hausgemeinden anzuspre-
chen. Unsere heutigen Übersetzungen berücksichtigen dies nach
Meinung einiger Theologen nicht ausreichend.

BRISTOW schreibt in „WHAT PAUL REALLY SAID ABOUT
WOMEN": *Gerade darin liegt eine tragische Ironie in der Geschichte des
Christentums: Die Aussagen des Paulus sprechen (im übersetzten
Wortlaut) leider nicht mehr klar und deutlich für die Gleichberechtigung
der Geschlechter, sondern wurden im Gegenteil zum bevorzugten
Quellenmaterial, auf das sich die Missbilligung von Frauen gründet.*[28]

BRISTOW legt weiter dar, dass unser traditionelles Verständnis der
paulinischen Schriften zu einer Art „doppeltem Standard" geführt
hat. Hierfür führt er folgende Argumente an: *Wir haben alle die traditionelle Auslegung der paulinischen Grundsätze in der Frauenfrage übernommen. Außerdem praktizieren wir seit langem einen doppelten
Standard für die Beziehung von Männern und Frauen. (...) Man brachte uns bei, dass nach Meinung des Apostels Paulus die Frauen Versuchungen nicht so hartnäckig widerstehen könnten wie die Männer. Das zeige*

ja schon das Beispiel der Eva. Andererseits – und hier zeigt sich die Schizophrenie ganz deutlich – lernten wir aber auch, dass Frauen dafür verantwortlich seien, die sexuelle Tugendhaftigkeit zu verteidigen. Junge Männer seien eben stürmisch, aber junge Frauen sollten wie tugendhafte Damen die Männer in ihre Schranken weisen.

Da könnte man sich doch mit Recht fragen: Warum sollen gerade junge Frauen Männern deutlich machen, wann es „genug" ist, wo doch gerade die Frauen angeblich anfälliger für Versuchungen sind? Weiter hat man uns beigebracht, dass die Frauen laut Paulus ihren Männern gehorchen und sich deren Führung unterordnen sollten. Auf der anderen Seite haben wir gelernt, dass Frauen – auch hierin zeigt sich wieder die oben angesprochene schizophrene Haltung –, letztendlich eine viel höhere Führungsposition innehätten. Schließlich heißt es doch im Sprichwort: „Die Hand an der Wiege regiert die Welt." Da fragt man sich doch unwillkürlich: Wenn Frauen angeblich schlechtere Führungsqualitäten haben als Männer, wie sollen dann Frauen ihre Söhne zu guten Führungspersönlichkeiten heranziehen?[29]

Die traditionelle Lehrmeinung hat zu verschiedenen Erklärungsversuchen geführt: Dass Paulus keine durchgängige Meinung vertrat, sondern etwas verwirrt gewesen sei. Oder dass er beim Evangelium Kompromisse einging, um nicht mit den sozialen Strukturen seiner Zeit in Konflikt zu geraten. Oder dass er bei öffentlichen Auftritten ganz vernünftige Ansichten äußerte, aber als Privatmann für Frauen nur Verachtung übrig hatte.[30]

Keiner dieser Erklärungsversuche kann wirklich überzeugen. Paulus war ein jüdischer Theologe im 1. Jahrhundert nach Christus, der den Dienst der Frauen als wichtig und wertvoll anerkannte (Röm. 16,1-2,7; Phil. 4,1-3). Er sprach sich nur dann gegen Frauen aus, wenn sie in ganz besonderen Situationen die Botschaft des Evangeliums in Gefahr brachten (1. Tim. 2,8-15).

Offensichtlich ist hier eine ganz neue Sicht der Briefe des Paulus erforderlich.

Unter den Theologen ist nicht nur die genaue Datierung, sondern auch die Urheberschaft der Briefe umstritten, die Paulus zugeschrieben werden. Im Rahmen der hier durchgeführten Untersuchung werden die folgenden Briefe allerdings ausnahmslos als von Paulus verfasst angesehen, in der angegebenen Reihenfolge untersucht und deren Abfassung auf die folgenden Jahreszahlen datiert:

Die Reisebriefe:

Galater	*geschrieben in Antiochien 48 n. Chr.*
1. Thessalonicher	*geschrieben in Korinth 50 n. Chr.*
2. Thessalonicher	*geschrieben in Korinth 50 n. Chr.*
1. Korinther	*geschrieben in Ephesus 54-55 n. Chr.*
2. Korinther	*geschrieben in Ephesus 54-55 n. Chr.*
Römer	*geschrieben in Korinth im Frühjahr 57 n. Chr.*

Die Gefängnisbriefe:

Kolosser	*geschrieben in Rom 60-61 n. Chr.*
Epheser	*geschrieben in Rom 60-61 n. Chr.*
Philemon	*geschrieben in Rom 60-61 n. Chr.*
Philipper	*geschrieben in Rom 60-61 n. Chr.*

Die Pastoralbriefe:

Titus	*geschrieben in Ephesus nach 62 n. Chr.*
1. Timotheus	*geschrieben in Mazedonien nach 62 n. Chr.*
2. Timotheus	*geschrieben in Rom 64-65 n. Chr.*

Galater 3,27-29

> Denn ihr alle, die ihr auf Christus getauft seid, habt Christus (als Gewand) angelegt. Es gibt nicht mehr Juden und Griechen, nicht Sklaven und Freie, nicht Mann und Frau; denn ihr alle seid einer in Christus Jesus. Wenn ihr aber zu Christus gehört, dann seid ihr Abrahams Nachkommen, Erben kraft der Verheißung.

Man nimmt an, dass es sich hier um ein Taufbekenntnis der frühen Gemeinde handelt, anhand dessen Paulus seine Aussage verdeutlichen will, dass in Christus alle Grenzen zwischen Rassen, Geschlechtszugehörigkeit und Gesellschaftsschichten aufgehoben sind. Paulus sah (im Gegensatz zu den meisten späteren Auslegern, die andere Schlussfolgerungen zogen) die vielfältigen praktischen Auswirkungen für die Einheit von Mann und Frau. Er schreibt in Gal. 3,28, dass der Glaube an Christus eine neue Beziehung zu Gott geschaffen hat und damit (…) eine neue Beziehung der Glaubenden untereinander (...) – zwischen Juden und Griechen, Sklaven und Freien, Mann und Frau.[31]

Manche vertreten die Auffassung, dass Paulus hier nur eine geistliche Wirklichkeit anspricht, die keine direkten Auswirkungen auf unseren Alltag hat, und dass die Erfüllung dieser Aussage deshalb nicht hier auf Erden zu erwarten ist. Der Kontext des Textabschnitts widerspricht jedoch dieser Auffassung. So führt zum Beispiel ROBERTA HESTENES Folgendes aus: *Paulus stellt sich hier ganz offen gegen Petrus, weil dessen Weigerung, mit den Heidenchristen zu essen, in der Tat einer Trennung zwischen den „Erben" Vorschub leistete.* (Die frühchristliche Gemeinde vereinte Juden- und Heidenchristen. Durch das Verhalten des Petrus sah Paulus die Gefahr einer Trennung – Anm. d. Hrsg.). *Paulus ist zornig auf Petrus, weil er diese Unterscheidung beibehält. Er erwartet, dass sein Manifest schon hier und jetzt im täglichen Leben umgesetzt wird. Paulus stellte sich entschieden gegen die Trennung zwischen Juden und Griechen, und er setzte seine ganze Kraft dafür ein, diese Barriere zu überwinden. Er machte sehr deutlich, dass die früheren Unterschiede nicht länger definierenden oder abgrenzenden Charakter haben.*[32]

Unsere Identität liegt nicht zuerst in Geschlecht, Rasse oder sozialer Klasse, sondern in Christus begründet. Der Glaube an Christus bestimmt letztlich, wer wir sind, und wir sollen den damit verbundenen Segen und die Verantwortung gleichermaßen annehmen. Alle bisherigen Unterscheidungen sind jetzt unbedeutend: Religiöse, soziale und Geschlechtergrenzen sind überwunden.

F. F. BRUCE sagt dazu: *Wenn ein Heide in gleichem Umfang geistliche Leitungsaufgaben in der Gemeinde übernehmen darf wie ein Jude oder ein Sklave in gleichem Umfang wie ein Freier, warum dann nicht auch eine Frau in gleichem Umfang wie ein Mann?*[33]

KJESBO UND GRENZ erläutern so: *Paulus äußert seine radikale Auffassung der Gleichheit in Christus im Kontext einer Diskussion über die Beschneidung. Im Alten Testament wurde dieses Ritual speziell an Männern vollzogen, um die Israeliten als Angehörige des Bundes mit Gott zu kennzeichnen. Im Neuen Testament wurde die Beschneidung jedoch durch die Taufe abgelöst, an der alle Glaubenden – Männer ebenso wie Frauen – teilhaben können. ... Dadurch werden die Unterschiede zwischen Menschen abgeschafft, auf denen zuvor soziale Hierarchien errichtet wurden.*[34]

In Christus ist die trennende Mauer eingerissen. Der Galaterbrief meint nicht allein unser geistliches Leben, sondern auch unser ganz alltägliches Leben als Christen, und er weist mit Nachdruck darauf hin, dass alle Trennmauern niedergerissen sind.

1. Korinther 7,1-7

> Nun zu den Anfragen eures Briefes! Es ist gut für den Mann, keine Frau zu berühren. Wegen der Gefahr der Unzucht soll aber jeder seine Frau haben, und jede soll ihren Mann haben. Der Mann soll seine Pflicht gegenüber der Frau erfüllen und ebenso die Frau gegenüber dem Mann. Nicht die Frau verfügt über ihren Leib, sondern der Mann. Ebenso verfügt nicht der Mann über seinen Leib, sondern die Frau. Entzieht euch einander nicht, außer im gegenseitigen Einverständnis und nur eine Zeit lang, um für das Gebet frei zu sein. Dann kommt wieder zusammen, damit euch der Satan nicht in Versuchung führt, wenn ihr euch nicht enthalten könnt. Das sage ich als Zugeständnis, nicht als Gebot. Ich wünschte, alle Menschen wären (unverheiratet) wie ich. Doch jeder hat seine Gnadengabe von Gott, der eine so, der andere so.

Dieser Text führt uns vor Augen, wie ein Ehemann und eine Ehefrau gemeinsam zu einer Entscheidung kommen, die auch beide betrifft. Er beginnt mit einigen radikalen Sätzen über eheliche Rechte und Pflichten. Dass der Körper der Frau ihrem Ehemann gehörte, war nicht neu, aber der Satz „ebenso aber verfügt auch der Mann nicht über seinen eigenen Leib, sondern die Frau" brachte eine revolutionäre Neuerung. Und die praktische Ausführung wird ebenfalls klar dargelegt: Wenn sexuelle Enthaltsamkeit geübt wird, dann nur mit dem Einverständnis beider Partner.

Dies widerspricht dem Gedanken, dass eine Person notwendigerweise die Entscheidung zu treffen hat, wenn zuvor kein gemeinsamer Konsens gefunden wurde. Wenn Paulus lehrte, dass in der intimsten Beziehung zwischen Mann und Frau gegenseitiges Einverständnis herrschen sollte, dann belegt dies den Gedanken der gemeinsamen, partnerschaftlichen Entscheidungsfindung und nicht das Prinzip der stellvertretenden Entscheidung durch einen übergeordneten Partner.

GRETCHEN GAEBELEIN HULL bemerkt hierzu, dass bei Problemen der Entscheidungsfindung in einer Ehe die Frage gestellt werden muss: *Wie christlich ist meine Ehe eigentlich?* Das „Ein-Fleisch-Sein" in der Ehe verpflichte ihrer Ansicht nach dazu, dass der einzige Partner, der Entscheidungen treffe, *die „Eheperson", die Einheit der beiden* sein müsse.[35]

1. Korinther 11,2-16

Ich lobe euch, dass ihr in allem an mich denkt und an den Überlieferungen festhaltet, wie ich sie euch übergeben habe. Ihr sollt aber wissen, dass Christus das Haupt des Mannes ist, der Mann das Haupt der Frau und Gott das Haupt Christi. Wenn ein Mann betet oder prophetisch redet und dabei sein Haupt bedeckt hat, entehrt er sein Haupt. Eine Frau aber entehrt ihr Haupt, wenn sie betet oder prophetisch redet und dabei ihr Haupt nicht verhüllt. Sie unterscheidet sich dann in keiner Weise von einer Geschorenen. Wenn eine Frau kein Kopftuch trägt, soll sie sich doch gleich die Haare abschneiden lassen. Ist es aber für eine Frau eine Schande, sich die Haare abschneiden oder sich kahl scheren zu lassen, dann soll sie sich auch verhüllen. Der Mann darf sein Haupt nicht verhüllen, weil er Abbild und Abglanz Gottes ist; die Frau aber ist der Abglanz des Mannes. Denn der Mann stammt nicht von der Frau, sondern die Frau vom Mann. Der Mann wurde auch nicht für die Frau geschaffen, sondern die Frau für den Mann. Deswegen soll die Frau mit Rücksicht auf die Engel das Zeichen ihrer Vollmacht auf dem Kopf tragen. Doch im Herrn gibt es weder die Frau ohne den Mann noch den Mann ohne die Frau. Denn wie die Frau vom Mann stammt, so kommt der Mann durch die Frau zur Welt; alles aber stammt von Gott. Urteilt selber! Gehört es sich, dass eine Frau unverhüllt zu Gott betet? Lehrt euch nicht schon die Natur, dass es für den Mann eine Schande, für die Frau aber eine Ehre ist, lange Haare zu tra-gen? Denn der Frau ist das Haar als Hülle gegeben. Wenn aber einer meint, er müsse darüber streiten: Wir und auch die Gemeinde Gottes kennen einen solchen Brauch nicht.

Bei diesem Textabschnitt (auch wenn er oft als Begründung für die Einschränkung von Frauen angeführt wird) sollte man nicht außer Acht lassen, dass es hier nicht um die Rollenverteilung zwischen den Geschlechtern geht, sondern vielmehr um Gestaltung und Ablauf des Gottesdienstes. *Paulus befasst sich hier mit der Frage der Gottesdienstordnung (…), es geht ihm nicht darum, ein unverrückbares kanonisches Gesetz zu formulieren, das bis ans Ende der Zeit Gültigkeit hat.*[36]

Dieser Text geht davon aus, dass sowohl Männer als auch Frauen ihre Gaben ausüben – die Frage, die sich hier stellt, ist, *wie* dies geschehen soll. Der Kontext dieses Abschnittes macht deutlich, dass geistliche Gaben in Liebe und für die Einheit der Gemeinde eingesetzt werden sollen.

Bei der Betrachtung der Stellung der Frau anhand dieses Textabschnitts müssen folgende drei Fragen geklärt werden:

1. Was bedeutet das Wort „Haupt"?
2. Wer hat Autorität über wen oder was?
3. Was bedeutet „Abglanz"?

Der Hinweis auf Engel ist interessant, aber Versuche, ihn zu deuten, führten bisher sehr oft nur zu Spekulationen.

Was bedeutet das Wort „Haupt"?

Das griechische Wort für „Haupt", *kephale*, kommt in diesem Abschnitt 13-mal vor. Für die Interpretation ist vor allem zu klären, ob „Haupt" auch „Autorität" bedeutet oder ob der Begriff auf „den Ursprung (die Quelle)" verweist.

Nach dem physiologischen Verständnis der westlichen Welt bedeutet „Haupt" so viel wie „Chef", weil nach unserem Verständnis das Gehirn den Körper steuert. Martin stellt jedoch fest, dass die Griechen eine andere physiologische Anschauung vertraten: *Sie glaubten, das Herz sei der Sitz des Intellekts und der Kopf die Quelle des Lebens und der Lebensflüssigkeiten (…) Als Zeus Kinder gebar, gingen diese dementsprechend aus seinem Kopf hervor. Ein Vater wurde als Haupt seines Kindes bezeichnet. Dies bedeutete, dass er als Quelle für das Leben seines Kindes angesehen wurde.*[37]

GILBERT BILEZIKIAN legt dar, dass in *kephale* immer die Bedeutung mit anklingt, *dem Körper in schöpferischer, ernährender oder stellvertretender Weise zu dienen.*[38] Als Haupt der Gemeinde in Eph. 1,22-23 versorgt Christus den Leib mit der ganzen Fülle. (...) Es geht hier um gemeinsames Leben. Christus erfüllt den Leib. Er ist die Quelle des Lebens, aus der der Leib seine Fülle und Vollständigkeit schöpft. Der Leib ist darum seinerseits der Ausdruck dieser Fülle.[39]

Andere Stellen, in denen *kephale* eindeutig als Lebensquelle und -nahrung definiert wird, sind Eph. 5,21-33 und Kol. 1,15-20. *Dem Hauptsein Christi für die Gemeinde entspricht seine Liebe, Fürsorge und Versorgung der Gemeinde (...), die Gemeinde findet ihren Ursprung in ihm, dem Haupt. Sie begann mit ihm, dem Erstgeborenen. Er ist die Quelle – der Ursprung ihrer Existenz.*[40]

Traditionalisten wie JAMES HURLEY, der Autor von „MAN AND WOMAN IN BIBLICAL PERSPECTIVE", behaupten hingegen, dass Haupt *(kephale)* so viel wie Autorität bedeuten müsse.[41]

Ein Prinzip der Auslegung besagt jedoch, dass die korrekte Bedeutung eines Worts, das mehrere Bedeutungen haben kann, stets aus dem Text erschlossen werden muss und nicht von außen in den Text hinein gelegt werden darf. In diesem Fall spricht der Kontext eindeutig für die Bedeutung „Quelle" oder „Ursprung":

... denn der Mann ist nicht von der Frau, sondern die Frau vom Mann.

In Vers 9 spricht Paulus von der Schöpfung:

Denn wie die Frau vom Mann kommt ...

Im selben Vers führt er die Linien wieder zusammen, indem er unsere gegenseitige Abhängigkeit bestätigt:

... so ist auch der Mann durch die Frau

und beschließt seinen Gedankengang mit dem krönenden Hinweis, dass alles in Gott seinen Ursprung hat:

... alles aber von Gott.

Ein weiterer Beleg dafür, dass *kephale* im Sinne von „Quelle" verstanden werden muss, ist die Tatsache, dass an den Stellen, an denen im hebräischen Text die Bedeutung „Herrschaft" oder „Autorität" gemeint ist, von den Übersetzern der Septuaginta das griechische Wort *archon* und nicht das Wort *kephale* verwendet wird. Daraus folgt, dass *kephale* in der griechischen Sprache nicht das gängige Wort für „Autorität" war.

Die Bedeutung, die Paulus (und mit ziemlicher Sicherheit auch die Korinther) demnach aus diesem Bildwort herauslasen, ist „Haupt" im Sinne von „Quelle" und speziell im Sinne von „Quelle des Lebens".[42]

Wer übt Autorität aus?

JAMES HURLEY belegt mit 1.Kor. 11,7 seine Theorie, Frauen besäßen keine Autorität. Er sagt: *In (diesem) speziellen Sinn von Autoritätsbeziehungen (...) ist es durchaus angemessen zu sagen, dass der Mann das Abbild Gottes ist und die Frau nicht.*[43]

Viele Traditionalisten pflichten Hurley bei und behaupten, dieser Textabschnitt bestätige tatsächlich die Autorität des Mannes über die Frau. Der Begriff Autorität taucht darin jedoch nur an einer Stelle auf, und zwar in Bezug auf die Autorität der Frau über ihr eigenes Haupt.[44] Das Wort *exousia* in Vers 10 bedeutet „Autorität haben" und nicht, „einer Autorität untergeordnet sein".

Der Konstruktion des Satzes nach kann diese Aussage entweder bedeuten:

Frauen haben das Rederecht, wenn sie eine Bedeckung tragen

oder:

Frauen können selbst entscheiden, ob sie eine Bedeckung tragen wollen.[45]

In vielen Übersetzungen wurde die Formulierung „ein Zeichen der" hinzugefügt, wahrscheinlich weil damit Übersetzer leichter ihre vorgefasste Meinung hineinlegen konnten. Sie waren der Auffassung, der Text dürfe nicht das aussagen, was er tatsächlich sagt – nämlich dass die Frau Autorität über ihr eigenes Haupt haben solle. Hier ist ein Vergleich verschiedener Bibelübersetzungen aufschlussreich:

Jubiläumsbibel (Martin Luther 1964):
*... darum soll das Weib eine **Macht** auf dem Haupt haben ...*
Jerusalemer Bibel (1968):
*... deshalb soll die Frau ein **Machtzeichen** auf dem Haupt haben ...*

Einheitsübersetzung (1980):
... deswegen soll die Frau das Zeichen ihrer Vollmacht auf dem Kopf tragen ...
Die Gute Nachricht (1982):
... deshalb muss die Frau als Zeichen ihrer Bevollmächtigung ein Kopftuch tragen ...
Die Bibel. Hoffnung für alle (1996):
... Deshalb soll sie im Gottesdienst eine Kopfbedeckung tragen ...

Die hervorgehobenen Wörter sind verschiedene Übersetzungen des ursprünglichen Worts *exousia,* das Autorität, Rechtsprechung, Freiheit, Macht, Kraft und Stärke bedeutet. Im griechischen Grundtext schrieb Paulus, dass eine Frau Macht oder Rechte in Bezug auf ihr Haupt habe. „Die einzige Autorität, von der hier die Rede ist, ist die Autorität der Frau."[46] Was dies im Einzelnen heißt, darüber lässt sich streiten, aber es kann auf keinen Fall bedeuten, dass der Mann Autorität über sie haben soll.

(Siehe auch die Kommentare zu Eph. 1,10; 1,22-23; 4,15-16 und 5,21-33.)

Inwiefern ist die Frau die „Ehre" des Mannes?

ANNE ATKINS kommt in „SPLIT IMAGE" bei der Untersuchung dieses Punkts zu dem Schluss, dass sich Paulus in den Versen 9 und 12 auf 1.Mose 2 bezieht, d. h. an dieser Stelle *... steht das Wort „Mann" für die ganze menschliche Rasse, also die Menschheit insgesamt. In diesem Sinne ist er der Abglanz Gottes. Er (d.h. die Menschheit) ist seine Stellvertreterin auf der Erde und die Krone seiner Schöpfung.*[47]

Sie führt weiter aus, dass *die Menschheit als solche der „Abglanz" Gottes ist – sie spiegelt das wahre Wesen Gottes wider. In gleicher Weise war auch die Frau bei ihrer Schöpfung ein Spiegel, der für den Mann einen Abglanz – ein wahres Abbild – seiner selbst darstellte.*

Dies konnte nur ein ihm entsprechendes menschliches Wesen sein: „Bein von meinem Bein und Fleisch von meinem Fleisch." Die Frau war vom Wesen her dem Mann gleich, sie brachte ihm Ehre und Anerkennung, indem sie seine eigentliche Identität als beziehungsfähiges menschliches Wesen nach dem Bilde Gottes widerspiegelte. Eine Unterordnung der Frau unter den Mann kommt geradezu einer Verzerrung des hier gemeinten „Abglanzes" gleich.

1. Korinther 12,1-31

Auch über die Gaben des Geistes möchte ich euch nicht in Unkenntnis lassen, meine Brüder. Als ihr noch Heiden wart, zog es euch, wie ihr wisst, mit unwiderstehlicher Gewalt zu den stummen Götzen. Darum erkläre ich euch: Keiner, der aus dem Geist Gottes redet, sagt: Jesus sei verflucht! Und keiner kann sagen: Jesus ist der Herr!, wenn er nicht aus dem Heiligen Geist redet. Es gibt verschiedene Gnadengaben, aber nur den einen Geist. Es gibt verschiedene Dienste, aber nur den einen Herrn. Es gibt verschiedene Kräfte, die wirken, aber nur den einen Gott: Er bewirkt alles in allen. Jedem aber wird die Offenbarung des Geistes geschenkt, damit sie anderen nützt. Dem einen wird vom Geist die Gabe geschenkt, Weisheit mitzuteilen, dem andern durch den gleichen Geist die Gabe, Erkenntnis zu vermitteln, dem Dritten im gleichen Geist Glaubenskraft, einem andern – immer in dem einen Geist – die Gabe, Krankheiten zu heilen, einem andern Wunderkräfte, einem andern prophetisches Reden, einem andern die Fähigkeit, die Geister zu unterscheiden, wieder einem andern verschiedene Arten von Zungenrede, einem andern schließlich die Gabe, sie zu deuten. Das alles bewirkt ein und derselbe Geist; einem jeden teilt er seine besondere Gabe zu, wie er will. Denn wie der Leib eine Einheit ist, doch viele Glieder hat, alle Glieder des Leibes aber, obgleich es viele sind, einen einzigen Leib bilden: So ist es auch mit Christus. Durch den einen Geist wurden wir in der Taufe alle in einen einzigen Leib aufgenommen, Juden und Griechen, Sklaven und Freie; und alle wurden wir mit dem einen Geist getränkt. Auch der Leib besteht nicht nur aus einem Glied, sondern aus vielen Gliedern. Wenn der Fuß sagt: Ich bin keine Hand, ich gehöre nicht zum Leib!, so gehört er doch zum Leib. Und wenn das Ohr sagt: Ich bin kein Auge, ich gehöre nicht zum Leib!, so gehört es doch zum Leib. Wenn der ganze Leib nur Auge wäre, wo bliebe dann das Gehör? Wenn er nur Gehör wäre, wo bliebe dann der

Geruchssinn? Nun aber hat Gott jedes einzelne Glied so in den Leib eingefügt, wie es seiner Absicht entsprach. Wären alle zusammen nur ein Glied, wo bliebe dann der Leib? So aber gibt es viele Glieder und doch nur einen Leib. Das Auge kann nicht zur Hand sagen: Ich bin nicht auf dich angewiesen. Der Kopf kann nicht zu den Füßen sagen: Ich brauche euch nicht. Im Gegenteil, gerade die schwächer scheinenden Glieder des Leibes sind unentbehrlich. Denen, die wir für weniger edel ansehen, erweisen wir umso mehr Ehre, und unseren weniger anständigen Gliedern begegnen wir mit mehr Anstand, während die anständigen das nicht nötig haben. Gott aber hat den Leib so zusammengefügt, dass er dem geringsten Glied mehr Ehre zukommen ließ, damit im Leib kein Zwiespalt entstehe, sondern alle Glieder einträchtig füreinander sorgen. Wenn darum ein Glied leidet, leiden alle Glieder mit; wenn ein Glied geehrt wird, freuen sich alle anderen mit ihm. Ihr aber seid der Leib Christi, und jeder einzelne ist ein Glied an ihm. So hat Gott in der Kirche die einen als Apostel eingesetzt, die anderen als Propheten, die Dritten als Lehrer; ferner verlieh er die Kraft, Wunder zu tun, sodann die Gaben, Krankheiten zu heilen, zu helfen, zu leiten, endlich die verschiedenen Arten von Zungenrede. Sind etwa alle Apostel, alle Propheten, alle Lehrer? Haben alle die Kraft, Wunder zu tun? Besitzen alle die Gabe, Krankheiten zu heilen? Reden alle in Zungen? Können alle solches Reden auslegen? Strebt aber nach den höheren Gnadengaben!

Alle Textstellen über die Gaben des Heiligen Geistes machen deutlich, dass geistliche Gaben zur Auferbauung der Gemeinde bestimmt und nicht an die Geschlechtszugehörigkeit gebunden waren. GRENZ führt aus, dass diejenigen, die den Frauen Autoritätspositionen über Männer vorenthalten, eine künstliche Trennung zwischen „Gabe" und „Aufgabe" einführen. Sie räumen zwar ein, dass auch Frauen geistliche Gaben geschenkt werden, behaupten jedoch, dass ihre Aufgaben durch die Geschlechtszugehörigkeit eingeschränkt würden. Die Grundlage für diese Unterscheidung sehen sie in der Unterordnung der Frau, die Gott ihrer Ansicht nach bei der Schöpfung als unumstößliche Ordnung eingeführt hat.

Zur Widerlegung dieser Ansicht führt GRENZ folgende

Argumente an: *Selbst wenn Gott bei der Schöpfung diese Ordnung fest-*
gelegt hätte (was er nicht tat), müsste die Gemeinde die Vorherrschaft des
Mannes und die Unterordnung der Frau nicht unter allen Umständen so
beibehalten. Christus hat die Gemeinde nicht einfach nur als Abbild der
ursprünglichen Schöpfung gegründet, sondern als die neue Gemeinschaft,
deren gemeinsames Leben die neue Schöpfung Gottes und damit den
Charakter des dreieinigen Gottes widerspiegelt.[48]

1. Korinther 14,26-40

Was soll also geschehen, Brüder? Wenn ihr zusammenkommt,
trägt jeder etwas bei: einer einen Psalm, ein anderer eine Lehre,
der Dritte eine Offenbarung; einer redet in Zungen, und ein
anderer deutet es. Alles geschehe so, dass es aufbaut. Wenn man in
Zungen reden will, so sollen es nur zwei tun, höchstens drei, und
zwar einer nach dem andern; dann soll einer es auslegen. Wenn
aber niemand es auslegen kann, soll auch keiner vor der
Gemeinde so reden. Er soll es für sich selber tun und vor Gott.
Auch zwei oder drei Propheten sollen zu Wort kommen; die
Anderen sollen urteilen. Wenn aber noch einem andern Anwesenden eine Offenbarung zuteil wird, soll der erste schweigen;
einer nach dem andern könnt ihr alle prophetisch reden. So lernen alle etwas, und alle werden ermutigt. Die Äußerung prophetischer Eingebungen ist nämlich dem Willen der Propheten
unterworfen. Denn Gott ist nicht ein Gott der Unordnung, sondern ein Gott des Friedens. Wie es in allen Gemeinden der
Heiligen üblich ist, sollen die Frauen in der Versammlung schweigen; es ist ihnen nicht gestattet zu reden. Sie sollen sich unterordnen, wie auch das Gesetz es fordert. Wenn sie etwas wissen
wollen, dann sollen sie zu Hause ihre Männer fragen; denn es
gehört sich nicht für eine Frau, vor der Gemeinde zu reden. Ist
etwa das Gotteswort von euch ausgegangen? Ist es etwa nur zu
euch gekommen? Wenn einer meint, Prophet zu sein oder geisterfüllt, soll er in dem, was ich euch schreibe, ein Gebot des Herrn
erkennen. Wer das nicht anerkennt, wird nicht anerkannt. Strebt
also nach der Prophetengabe, meine Brüder, und hindert niemand daran, in Zungen zu reden. Doch alles soll in Anstand und
Ordnung geschehen.

In diesem Textabschnitt geht es um das geordnete Vortragen der geistgewirkten Rede. Weil diese Anweisungen jedoch häufig losgelöst vom ursprünglichen Kontext zitiert werden, ist eine Vielzahl von Ungereimtheiten in vielen Gemeinden zu beobachten. Wollte man die Worte „*sollen eure Frauen in den Gemeinden schweigen, denn es wird ihnen nicht erlaubt, zu reden*" ganz wörtlich nehmen, so dürften Frauen in der Gemeinde nicht singen, keine Abkündigungen weitergeben, sich nicht am Gebet oder liturgischen Lesungen beteiligen, nicht um Gebetsunterstützung bitten und auch keine Kindergottesdienste halten. Die meisten Christen nehmen diese Aussagen nicht ganz so wörtlich; dies gilt sogar für jene, die sich für die wörtliche Auslegung anderer Bibelstellen einsetzen. So wurden diese Worte des Paulus als Begründung herangezogen, um Frauen in verschieden starkem Ausmaß von der Beteiligung im Gottesdienst, der Gottesdienstleitung und sogar vom Austeilen des Abendmahls auszuschließen – selbst dann, wenn sie dabei nicht zu sprechen hätten.

Nach Ansicht von TUCKER und LIEFELD geht es hier um mehr als nur um die Rollenverteilung zwischen den Geschlechtern. Sie sind davon überzeugt, dies sei eine *exegetische Frage, die die Integrität der Schrift berührt.*[49] Die Kernfrage hierbei ist, ob diese Einschränkungen dem Recht zu öffentlichem Gebet und Prophetie widersprechen, das Paulus den Frauen in 1.Korinther 11 einräumt. Hier stehen drei mögliche Auslegungen zur Auswahl, und wir müssen uns entscheiden, welche für uns die glaubwürdigste ist:

1. Es ist ein Missverständnis, dass Apg. 1,17-18 und 1.Kor. 11, 2-16 Frauen erlauben, in der Gemeinde zu weissagen.
2. Es ist ein Missverständnis, dass 1. Kor. 14,34-35 jede hörbare Beteiligung von Frauen im Gottesdienst verbietet.
3. Paulus widerspricht sich selbst.

Da es in 1.Kor. 11 darum geht, wie Frauen weissagen, kann dieser Text unmöglich den Frauen verbieten, zu weissagen. Es wäre sehr seltsam, wenn Paulus so viel Zeit darauf verwendet hätte, eine sinnvolle Regelung für eine Praxis zu finden, die er im weiteren Verlauf seines Briefes ohnehin verbieten will.

Wenn Paulus das Reden bei einer Gelegenheit verbieten und bei anderer Gelegenheit zulassen will, muss entweder bei der Art oder der Gelegenheit des Redens ein triftiger Grund dafür vorliegen –

ein Grund, der wohl für die Gemeinde in Korinth einsichtig war, aber für uns heute nicht ohne weiteres nachvollziehbar ist. Der erste Schritt zur Klärung dieser scheinbar widersprüchlichen Aussagen ist demnach die eingehende Untersuchung des Kontextes der betreffenden Bibelstellen.

Welcher Kontext liegt vor?

Paulus kritisiert die Unordnung im Ablauf des öffentlichen Gottesdienstes. Drei Gruppen brachten Unordnung in den Gottesdienst:

die in Sprachen redeten; solche, die weissagten – und die redenden Frauen.

Paulus brachte alle drei Gruppen zum Schweigen, aber er bat um freiwilliges Schweigen. Damit der Gottesdienst wieder geordnet gefeiert werden konnte, gab Paulus drei verschiedene Anweisungen:

1. Höchstens zwei oder drei Personen sollten „in Sprachen" reden, und wenn kein Ausleger (Übersetzer) zugegen sei, sollten die Sprecher lieber schweigen. Im Griechischen steht hier der Begriff *sigao* (V. 27-28).
2. Höchstens zwei oder drei Personen sollten weissagen, und zwar nacheinander. Wenn eine Offenbarung zu einer zweiten Person kommt, solle der erste Sprecher schweigen – auch hier steht wieder „*sigao*" (V. 30).
3. Frauen sollten im Gottesdienst schweigen und ihre Fragen zu Hause stellen (V. 33f).

Dass es Paulus tatsächlich um Ordnung im Gottesdienst geht, machen die einleitenden Verse 31 bis 33 und die Schlussverse 39 bis 40 deutlich.

(31-33:) *Einer nach dem andern könnt ihr alle prophetisch reden. So lernen alle etwas, und alle werden ermutigt. Die Äußerung prophetischer Eingebungen ist nämlich dem Willen der Propheten unterworfen. Denn Gott ist nicht ein Gott der Unordnung, sondern ein Gott des Friedens.*
Wie es in allen Gemeinden der Heiligen üblich ist, sollen die

Frauen in der Versammlung schweigen *(sigao)*; es ist ihnen nicht gestattet zu reden. Sie sollen sich unterordnen, wie auch das Gesetz es fordert. Wenn sie etwas wissen wollen, dann sollen sie zu Hause ihre Männer fragen; denn es gehört sich nicht für eine Frau, vor der Gemeinde zu reden *(laleo)*. *Ist etwa das Gotteswort von euch ausgegangen? Ist es etwa nur zu euch gekommen?* Wenn einer meint, Prophet zu sein oder geisterfüllt, soll er in dem, was ich euch schreibe, ein Gebot des Herrn erkennen. Wer das nicht anerkennt, wird nicht anerkannt.

(39–40) *Strebet also nach der Prophetengabe, meine Brüder, und hindert niemand daran, in Zungen zu reden. Doch alles soll in Anstand und Ordnung geschehen.*

Das Anliegen in diesem Text ist die Beteiligung aller am Gottesdienst und ein geordneter Ablauf der Zusammenkünfte.

Was bedeutet „schweigen"?

Wie Bristow darlegt, ist es durchaus von Bedeutung, welches Wort Paulus in diesem Abschnitt gebraucht: *Das Wort phimoo bezeichnet eine erzwungene Stille, z.B. als Jesus den Sturm stillte, den unreinen Geist beruhigte und die Pharisäer zum Schweigen brachte (…) Ein anderes Wort, hesuchia, wird verwendet, um auszudrücken, dass Frauen in der Stille (d.h. mit ruhigem und aufmerksamem Geist) lernen sollen (1. Tim. 2,11-12). (…)*

In diesem Abschnitt verwendet Paulus *sigao*, das Wort für freiwilliges Schweigen. Dasselbe Wort wird gebraucht, als sich die Jünger entschlossen, über die Verklärung, die sie erlebt hatten, zu schweigen (Luk. 9,36), und als Jesus sagte, die Steine würden schreien, wenn die Jünger schweigen sollten. Mit diesem Wort wird auch das Schweigen Jesu während seiner Gerichtsverhandlung (Mark. 14,61) und das Schweigen der Apostel und Ältesten beschrieben, als sie den Bericht von Paulus und Barnabas anhörten (Apg. 15,12). Es bezeichnet also eine bewusste und freiwillige Reaktion oder auch eine Bitte um Schweigen, damit eine andere Person reden kann (Apg. 12,17). Gemeint ist also jene Art von Stille, die inmitten von Unordnung oder Tumult nötig ist.[50]

Auf welches Gesetz verweist Paulus?

Da es im Alten Testament keine Stelle gibt, in der die Unterordnung der Frau vorgeschrieben wird, gebraucht Paulus das Wort „Gesetz" hier möglicherweise im Sinne von „Tradition". Die damaligen Traditionen schränkten in der Tat das öffentliche Auftreten von Frauen stark ein.[51]

Warum durften Frauen nicht reden?

BRISTOW führt aus, dass die griechische Sprache dreißig verschiedene Wörter kennt, die mit „reden" übersetzt werden können – einige davon bedeuten verkündigen, sagen, sprechen, lehren. Wenn jemand aber sagen wollte: „Bitte stört das Gebet nicht durch lautes Reden", so musste er das Verb *laleo*[52] wählen, und genau dieses Wort gebrauchte Paulus hier. Da es in den Anweisungen des Paulus um Ordnung im Gottesdienst geht, ist es vollkommen einleuchtend, dass er darum bittet, keine Privatgespräche zu führen, damit der Gottesdienst nicht durch lautes Gerede gestört wird.

Bei der Betrachtung von 1.Kor. 14,34-35 macht Susan Atkins eine interessante Beobachtung im Hinblick auf die Frage, wem sich die Frauen unterordnen sollen. Es wird allgemein angenommen, dass diese Unterordnung auf die Männer zu beziehen ist, Atkins stellt jedoch fest, dass dies im Text gar nicht gesagt wird. *Vielmehr scheint sich diese Unterordnung auf die Gemeindeordnung zu beziehen, weil Gott kein Gott der Unordnung ist, sondern ein Gott des Friedens.*[53]

Was will Paulus eigentlich sagen?

Paulus kann nicht meinen: „Eure Frauen sollen aufhören, Fragen zu stellen, weil Frauen immer still zu sein haben." Dies würde seiner vorangegangenen Anweisung über das Predigen und Weissagen in derselben Gemeinde klar widersprechen. Er könnte jedoch meinen: „Eure Frauen sollten still sein, weil sie zu viel Lärm machen." Diese

Aussage bezieht sich auf eine konkrete Situation, in der eine allgemeine Grundregel missachtet wird. Dieses allgemeine Prinzip besagt, dass niemand einen Gottesdienst stören sollte, und die konkrete Situation besteht darin, dass in Korinth Frauen mit ihren Fragen den Ablauf des Gottesdienstes störten.

Zudem kann Paulus andere Gemeinden als Beispiel anführen, weil dort keine solchen Störungen auftraten. Die Frauen in der Gemeinde von Korinth kamen aus heidnischen Kulten, in denen religiöse Gefühle bekanntermaßen sehr lautstark ausgedrückt wurden. (...) Es ist durchaus anzunehmen, dass auch die zum Christentum übergetretenen Korinther von diesem Umfeld geprägt waren.[54]

Vielleicht stellten die Frauen in dieser korinthischen Gemeinde einfältige Fragen, weil sie ungebildet waren, ein Verhalten, das den Gottesdienst tatsächlich empfindlich störte. Paulus fordert sie auf, stattdessen auf die Lehrer zu hören und ihren Lernprozess zu Hause mit Fragen und Antworten zu beginnen. Im Kontext des gesamten Briefes, der sich mit der Ordnung im Gottesdienst befasst, erscheint es deshalb wesentlich plausibler, dass Paulus den Frauen deshalb sagte: „Hört auf zu reden!", weil sie ihre Fragen noch nicht so stellen konnten, dass der Gottesdienst dadurch nicht gestört wurde.

Was Paulus jedoch nicht beabsichtigt, ist, alle Frauen für alle Zeiten zum Schweigen zu bringen. In 1. Tim. 2,11 befiehlt Paulus vielmehr: „Eine Frau lerne" – und Fragen gehört schließlich zum Lernen. Hier schlägt Paulus vor, dass die Ehemänner sich dafür verantwortlich fühlen sollten, dem unzureichenden Bibelwissen ihrer Frauen abzuhelfen, das sich in unqualifizierten Zwischenfragen im Gottesdienst äußerte.[55]

Die Aussagen dieses Abschnitts haben mit Selbstbeherrschung und angemessenem Verhalten im Gottesdienst zu tun – es sollte alles vermieden werden, was den Anschein erweckte, die christliche Gemeinschaft sei wie eine der heidnischen Sekten (aus denen die bekehrten Christen ja ursprünglich kamen). Die Ausbreitung des Evangeliums sollte auf keinen Fall beeinträchtigt werden.

Paulus legt hier also Richtlinien für einen geordneten Gottesdienstablauf dar, aber er erhebt nicht das Schweigen der Frau zum allgemeinen Prinzip.

Anmerkung: Immer wieder kommt die Frage auf, wie sich

danach die unverheiratete Frau verhalten soll? Wen soll sie fragen? Da der biblische Text diese Frage nicht aufgreift, sind wir ihr in dieser Ausarbeitung auch nicht nachgegangen.

1.Korinther 15,22

Denn wie in Adam alle sterben, so werden auch in Christus alle lebendig gemacht werden.

Diese Aussage des Paulus bildet das Gegengewicht zu 1.Tim. 2,14, der Stelle, die von vielen angeführt wird, um Eva als „die Verführte" hinzustellen, durch die die Sünde in die Welt kam. An anderer Stelle, Röm. 5,12, heißt es, dass die Sünde durch einen Menschen in die Welt kam; hier wird allerdings das griechische Wort *anthropos* (Mensch) verwendet und nicht das Wort *aner* (Mann).

Römer 16,1-16

Ich empfehle euch aber unsere Schwester Phöbe, die Dienerin der Gemeinde von Kenchreä: Nehmt sie im Namen des Herrn auf, wie es Heilige tun sollen, und steht ihr in jeder Sache bei, in der sie euch braucht; sie selbst hat vielen, darunter auch mir, geholfen. Grüßt Priska und Aquila, meine Mitarbeiter in Christus Jesus, die für mich ihr eigenes Leben aufs Spiel gesetzt haben; nicht allein ich, sondern alle Gemeinden der Heiden sind ihnen dankbar. Grüßt auch die Gemeinde, die sich in ihrem Haus versammelt. Grüßt meinen lieben Epänetus, der die Erstlingsgabe der Provinz Asien für Christus ist. Grüßt Maria, die für euch viel Mühe auf sich genommen hat. Grüßt Andronikus und Junias, die zu meinem Volk gehören und mit mir zusammen im Gefängnis waren; sie sind angesehene Apostel und haben sich schon vor mir zu Christus bekannt. Grüßt Ampliatus, mit dem ich im Herrn.verbunden bin. Grüßt Urbanus, unseren Mitarbeiter in Christus, und meinen lieben Stachys. Grüßt Apelles, der sich in Christus bewährt hat. Grüßt das ganze Haus des Aristobul. Grüßt Herodion, der zu meinem Volk gehört. Grüßt alle aus dem Haus des Narzissus, die sich zum Herrn bekennen. Grüßt Tryphäna und Tryphosa, die für den Herrn viel Mühe auf sich nehmen.

> Grüßt die liebe Persis; sie hat für den Herrn viel Mühe auf sich genommen. Grüßt Rufus, der vom Herrn auserwählt ist; grüßt seine Mutter, die auch mir zur Mutter geworden ist. Grüßt Asynkritus, Phlegon, Hermes, Patrobas, Hermas und die Brüder, die bei ihnen sind. Grüßt Philologus und Julia, Nereus und seine Schwester, Olympas und alle Heiligen, die bei ihnen sind. Grüßt einander mit dem heiligem Kuss. Es grüßen euch alle Gemeinden Christi.

Dieser Abschnitt zeigt eindrücklich, dass sich Paulus an die theologische Vorgabe hält, die er in Gal. 3,28 formuliert hat.

In dieser Passage listet Paulus verschiedene Personen auf, die in unterschiedlichen Aufgabenbereichen für den Herrn gearbeitet haben. Unter den 28 namentlich genannten Personen befinden sich auch 10 Frauen (mit Junia, die in Vers 7 als „Junias" angegeben wird. Siehe dazu die Ausführungen von Rebeca Merrill Groothuis auf S. 17). Die dabei von Paulus verwendete Bezeichnung *synergon (Mitarbeiter) verwendet er auch für Timotheus (1. Thess. 3,2) und Titus (2. Kor. 8,23). Der von Paulus benutzte Begriff „Mitarbeiter" bedeutet „eine Person aus dem gleichen Arbeitsbereich, ein Kollege".*[56] Dies ist ein klarer Beweis dafür, dass Paulus mit Frauen zusammenarbeitete und dass das Evangelium den Frauen die Freiheit gab, ihre Gaben in Zusammenarbeit mit den Männern einzusetzen. Eine der genannten Frauen ist Phöbe, eine *diakonos* der Gemeinde. Das Wort *diakonos* wird auch für Engel (Hebr. 1,14), für die jedem Menschen verliehenen Gaben (Röm. 12,7), für Paulus und Barnabas (Apg. 12,25) und für Timotheus (1. Tim. 4,6) verwendet. Laut Swidler vertraten die frühen Kirchenväter die Auffassung, dass Frauen das Amt von Diakonen ausüben konnten:

Klemens von Alexandrien berichtet, nur wenige Jahrzehnte nach Abfassung der Timotheusbriefe, von weiblichen Diakonen. Origenes schreibt in seinem Kommentar zum Römerbrief des Paulus und zu dem Hinweis auf Phöbe: *Dieser Text belegt mit der Autorität des Apostels, dass in der Gemeinde auch Frauen als Diakone eingesetzt wurden.*[57]

Phöbe war zudem *prostatis* für viele. Knight legt dar, *dass die maskuline Form dieses Worts so viel bedeutet wie „einer, der vorsteht bzw. in vorderster Reihe steht (…), Vorgesetzter, Chef; wohingegen die hier für*

Phöbe gebrauchte feminine Form so viel wie „Beschützerin, Patronin, Helferin" bedeute.[58]

Im Gegensatz dazu bemerkt SWIDLER, *dass dieses Wort an keiner anderen Stelle im Neuen Testament vorkommt und in der gesamten griechischen Literatur immer „Herrscher", „Leiter" oder „Beschützer" bedeutet.*[59] Er stellt außerdem fest, dass die von Paulus in 1.Thess. 5,12 verwendete Verbform dieses Worts mit „vorstehen" übersetzt wird und sich in 1.Tim. 3,4-5 sowie 5,17 auf Bischöfe, Priester und Diakone bezieht.[60]

Epheser 1,10

Er hat beschlossen, die Fülle der Zeiten heraufzuführen, in Christus alles zu vereinen, alles, was im Himmel und auf Erden ist.

Diese Verwendung des Begriffs „Haupt" (im Verb: *ana-kephal-aioo)* ist ein weiteres Beispiel für die Bedeutung „Quelle" im Unterschied zu „Oberhaupt". Paulus spricht von Christus als dem endgültigen Ziel aller Dinge. Er ist der Anfang und das Ende, das Alpha und das Omega. Diese Zusammenfassung aller Dinge in Christus wird in diesem Text als die endgültige Erfüllung des Hauptseins Christi beschrieben. In Seinem Hauptsein wird Christus wiederum alle Dinge in sich zusammenfassen, die von Anfang an in ihm ihren Ursprung haben.[61]
(Siehe auch 1.Kor. 11,2-16.)

Epheser 1,22-23

Alles hat er ihm zu Füßen gelegt und ihn, der als Haupt alles überragt, über die Kirche gesetzt. Sie ist sein Leib und wird von ihm erfüllt, der das All ganz und gar beherrscht.

Die hier gebrauchten griechischen Wörter heißen *kephale hyper* (= Haupt oberhalb) und nicht *kephale epi* (= Haupt über). Dies ist ein gutes Beispiel dafür, wie das Vorverständnis des Übersetzers davon, was ein Wort bedeutet, den übersetzten Text verändern kann, obwohl die im Grundtext gewählten Wörter etwas ganz anderes

aussagen. Wenn man von dem Vorverständnis ausgeht, dass Haupt so viel wie „Autorität" bedeutet, kann *kephale hyper* (Haupt oberhalb) in der Übersetzung leicht in „Haupt über" abgewandelt werden. Wer sich dem Schrifttext jedoch ohne dieses Vorverständnis nähert und versucht, die Bedeutung möglichst genau zu erfassen, der kann in „Haupt oberhalb" auch ganz andere Bedeutungen erkennen. BILEZIKIAN äußert sich so: *Der unmittelbare Kontext von Eph. 1,22 befasst sich mit der überragenden Transzendenz Christi, die alle seine Gegner „bei weitem übersteigt", in der Herrlichkeit der „himmlischen Regionen", so dass „alle Dinge" unter ihm oder unter seinen Füßen liegen. In dieser herausragenden Position hat er es nicht nötig, seine beherrschende Autorität über alle Dinge herauszustellen. Er steht ja schon weit über allem. In dieser verherrlichten Position behält er nur eine einzige Beziehung bei, die ihm durch Gott verliehen ist: Er bleibt das „Haupt der Gemeinde" und bringt die Gemeinde dadurch zu der beabsichtigten, alles umfassenden „Fülle".*[62]
(Siehe auch 1.Kor. 11,2-16.)

Epheser 4,15-16

Wir wollen uns, von der Liebe geleitet, an die Wahrheit halten und in allem wachsen, bis wir ihn erreicht haben. Er, Christus, ist das Haupt. Durch ihn wird der ganze Leib zusammengefügt und gefestigt in jedem einzelnen Gelenk. Jedes trägt mit der Kraft, die ihm zugemessen ist. So wächst der Leib und wird in Liebe aufgebaut.

Wenn ein Wort mehrere Bedeutungen haben kann, gibt meist der Kontext entscheidende Hinweise auf die jeweils gemeinte Bedeutung. In diesem Fall legt der Text die Bedeutung von *kephale* ganz klar fest. Die Aufgabe des Hauptes ist es, „bereitzustellen, was für das Zusammenfügen und Verbinden des Leibes nötig ist; außerdem ist das Haupt die Quelle des Wachstums. Laut diesem Textabschnitt besteht die Aufgabe des Hauptes darin, *Leben, Zusammenhalt und Wachstum zu geben.*[63]
(Siehe auch 1.Kor. 11,2-16. Dort finden sich weitere Hinweise zu Verwendung und Bedeutungsgehalt des Wortes *kephale*.)

Epheser 5,21-33

> Einer ordne sich dem andern unter in der gemeinsamen Ehrfurcht vor Christus. Ihr Frauen, ordnet euch euren Männern unter wie dem Herrn (Christus); denn der Mann ist das Haupt der Frau, wie auch Christus das Haupt der Kirche ist; er hat sie gerettet, denn sie ist sein Leib. Wie aber die Kirche sich Christus unterordnet, sollen sich die Frauen in allem den Männern unterordnen. Ihr Männer, liebt eure Frauen, wie Christus die Kirche geliebt und sich für sie hingegeben hat, um sie im Wasser und durch das Wort rein und heilig zu machen. So will er die Kirche herrlich vor sich erscheinen lassen, ohne Flecken, Falten oder andere Fehler; heilig soll sie sein und makellos. Darum sind die Männer verpflichtet, ihre Frauen so zu lieben wie ihren eigenen Leib. Wer seine Frau liebt, liebt sich selbst. Keiner hat je seinen eigenen Leib gehasst, sondern er nährt und pflegt ihn, wie auch Christus die Kirche. Denn wir sind Glieder seines Leibes. Darum wird der Mann Vater und Mutter verlassen und sich an seine Frau binden, und die zwei werden ein Fleisch sein. Dies ist ein tiefes Geheimnis; ich beziehe es auf Christus und die Kirche. Was euch angeht, so liebe jeder von euch seine Frau wie sich selbst, die Frau aber ehre den Mann.

Der Kontext dieser Verse ist die gegenseitige Unterordnung, nicht die Unterordnung der Frau und die Dominanz des Mannes. Im griechischen Text wird das Verb für „unterordnen" aus Vers 21 in Vers 22 nicht wiederholt. Eine wörtliche Übersetzung würde daher wie folgt lauten: „Sich einander unterordnend in der Furcht Christi, die Frauen den eigenen Männern als dem Herrn." Die Unterordnung der Ehefrauen ist also nicht zu trennen von der gegenseitigen Unterordnung beider Ehepartner unter den jeweils anderen.

Paulus führt diesen Gedanken der gegenseitigen Unterordnung fort, wenn er sagt, dass in ähnlicher Weise die Liebe des Ehemannes für seine Frau auch die Unterordnung des Ehemannes unter die Frau einschließt, und sie sollte so weit gehen, dass er für sie sein Leben gibt, so wie Christus sich für die Gemeinde gegeben hat.

Das Wort „gehorchen" wird nicht im Zusammenhang mit Ehefrauen gebraucht, aber es wird für die hierarchische Beziehung zu

Kindern und Sklaven verwendet. Keine der Anweisungen für die Ehemänner bezieht sich auf das Herrschen. Sie beschränken sich allein auf das Umsorgen und Auferbauen der Ehefrau durch ihren Mann.

Der Kernpunkt für das Verständnis dieses Textabschnitts liegt in der Bedeutung der Wörter „Haupt", „unterordnen" und „Liebe".

Was bedeutet „Haupt"?

BILEZIKIAN führt aus, dass Paulus in diesem Abschnitt die Bedeutung des Wortes „Haupt" erläutert, indem er als Erklärung hinzufügt, dass Christus selbst der Retter des Leibes ist. Er sagt dazu Folgendes: *Das hervorhebende Pronomen, das hier mit „er (selbst)" wiedergegeben ist, deutet darauf hin, dass Paulus besonders hervorheben möchte, dass das Rettersein zum Hauptsein des Christus dazugehört. Dieser dienende Charakter des Retters wird in Vers 25 weiter ausgeführt: „wie auch Christus die Gemeinde geliebt und sich selbst für sie hingegeben hat" und in Vers 29: „Denn niemand hat jemals sein eigen Fleisch gehasst, sondern er nährt und pflegt es, wie auch Christus die Gemeinde." Diese Beschreibung Christi als Quelle der Auferbauung taucht in diesem Abschnitt erneut auf.*[64]
(Siehe auch 1.Kor. 11, 2-16.)

Was bedeutet „Unterordnung"?

ATKINS führt als Definition für Unterordnung an, dass es sich dabei nicht um schweigendes Dulden, finanzielle oder emotionale Abhängigkeit, bürgerliche Häuslichkeit oder Manipulation handelt, es gehe vielmehr darum, *alles beiseite zu lassen, was dem eigenen Vorteil dient, und sein ganzes Leben einem anderen zur Verfügung zu stellen.*[65]
BILEZIKIAN sagt, dass *„unterordnen" zwar normalerweise bedeute, sich einer höheren Autorität unterstellen, von einer übergeordneten Person höheren Ranges oder höherer Position Weisungen entgegennehmen (oder) eine Herrschaft über sich akzeptieren,*[66] dass diese Bedeutung jedoch in dem vorliegenden Textabschnitt komplett geändert werde. „Sich

einander unterordnen" ist etwas völlig anderes, als „sich dem anderen unterordnen".[67]

Er sagt weiter: *Sich einander unterordnen ist nur zwischen Gleichgestellten möglich. Es ist ein Vorgang, der auf Gegenseitigkeit beruht (also in zwei Richtungen verläuft), und dies schließt die einseitige (nur in eine Richtung verlaufende) Unterordnung aus, die ohne rückweisendes Pronomen im Gedanken der Unterwerfung enthalten wäre. Die gegenseitige Unterordnung aber verläuft in horizontalen Interaktionsbahnen zwischen Gleichgestellten (und ist keine) von oben nach unten gerichtete Dominanz des Herrschers über den Untergebenen.*[68]

Paulus hätte verschiedene Begriffe gebrauchen können, wenn es ihm darum gegangen wäre, den Gedanken des Gehorsams auszudrücken. Er verwendet z.b. das griechische Wort *hypakouo* (Eph. 6,5) im Zusammenhang mit Sklaven und *peitharcheo* (Eph. 6,1) im Zusammenhang mit Kindern.[69] BRISTOW *führt aus, dass die Beobachtung, dass Paulus keines dieser Wörter gebraucht, ein Indiz dafür ist, dass – im Unterschied zu den griechischen Philosophen, die Ehefrauen auf einer Stufe mit Kindern und Sklaven der Autorität des Mannes unterstellten – Paulus diesen Eindruck gerade nicht erwecken wollte.*

Er hätte auch das Wort „hypotasso" verwenden können, das in der aktiven Form die Bedeutung „sich untertan machen" hat. Paulus gebraucht dieses Wort nur, um das Handeln Gottes zu beschreiben, aber er weist die Ehemännern nicht an, dass sie ihre Frauen „hypotasso" machen sollen. Den Frauen gegenüber verwendet er die Beugungsform „hypotassomai" und fordert sie damit auf, sich ihren Ehemännern freiwillig unterzuordnen. Da dieses Wort zu einer rein freiwilligen Handlung auffordert, kann „hypotassomai" etwa mit „sich verbünden mit", „sich kümmern um", „unterstützen" oder „interessiert sein an" wiedergegeben werden. In gleicher Weise ruft Paulus die Mitglieder der Gemeinde zu gegenseitigem „hypotassomai" auf. Dabei geht es nicht um eine Einteilung von Personen in Herrscher und Beherrschte, sondern um die eindringliche Aufforderung an die Gemeinde, dafür zu sorgen, dass die Gemeindeglieder ihre Berufung, der „Leib Christi" zu sein, in die Tat umsetzen. Und was für die Gemeinde gilt, so fügt Paulus hinzu, gilt auch für die Ehe.[70]

Was bedeutet „Liebe"?

BRISTOW untersucht als drittes wichtiges Wort noch das Wort *agapao*, das Paulus in seiner Anweisung an Ehemänner, ihre Frauen zu „lieben", verwendet. Dieses Wort ist fast identisch mit *hupotassomai*. Beide bezeichnen das Aufgeben eigener Interessen, um zu dienen und für die Bedürfnisse des anderen zu sorgen. Und beide werden allen Christen ans Herz gelegt, sowohl den Ehemännern als auch den Ehefrauen. BRISTOW bemerkt dazu noch, dass in der jüdischen Literatur häufig parallele Synonymkonstruktionen verwendet werden:

Ehefrauen sollen ihre Ehemänner hupotassomai; *Ehemänner sollen ihre Ehefrauen* agapao.[71]

Er führt weiter aus, dass damit ein neuer Maßstab für die christliche Ehe gesetzt wurde:

Der Ehemann soll seine Frau nicht herumkommandieren, er soll sie vielmehr auferbauen und heiligen, ja sogar bereit sein, für sie zu sterben.[72]

In einer Kultur, in der die Ehemänner wenig Rücksicht auf die Gefühle und Bedürfnisse ihrer Ehefrauen nahmen und in der Ehefrauen kaum Einblick in das Leben ihrer Ehemänner erhielten, müssen diese Anweisungen des Paulus an Ehemänner und Ehefrauen eine aufrüttelnde Wirkung auf die Zuhörer gehabt haben.[73]

Kolosser 3,18-25

Ihr *Frauen,* ordnet euch euren Männern unter, wie es sich im Herrn geziemt. Ihr *Männer,* liebt eure Frauen und seid nicht aufgebracht gegen sie. Ihr *Kinder,* gehorcht euren Eltern in allem, denn so ist es gut und recht im Herrn. Ihr *Väter,* schüchtert eure Kinder nicht ein, damit sie nicht mutlos werden. Ihr *Sklaven,* gehorcht euren irdischen Herren in allem! Arbeitet nicht nur, um euch bei den Menschen einzuschmeicheln und ihnen zu gefallen, sondern fürchtet den Herrn mit aufrichtigem Herzen. Tut eure Arbeit gern, als wäre sie für den Herrn und nicht für Menschen; ihr wisst, dass ihr vom Herrn euer Erbe als Lohn empfangen werdet. Dient Christus, dem Herrn! Wer unrecht tut, wird dafür seine Strafe erhalten, ohne Ansehen der Person.

Dies ist einer der Abschnitte, in denen Verhaltensrichtlinien für das „häusliche Leben" dargelegt werden. Paulus sagt hier ganz klar, dass sich die Ehefrauen ihren Ehemännern unterordnen sollen, aber es wird ebenso deutlich, dass er ihnen nicht Gehorsam befiehlt wie den Kindern und den Sklaven. Hier gilt es, die Bedeutung von Unterordnung klar zu erfassen und in den Gesamtzusammenhang der Bibel zu stellen, in dem gegenseitige Unterordnung gefordert wird. Außerdem schrieb Paulus, wie CRAIG KEENER in „PAUL, WOMEN AND WIVES" ausführt, für eine Kultur, in der normalerweise der Mann zu Hause das Regiment führte. Und *wenn Paulus die Sklaven zum Gehorsam auffordern konnte, ohne dass dies als Unterstützung der Sklaverei aufgefasst wurde, müssen wir auch zugestehen, dass er Frauen zur Unterordnung auffordert, ohne dies als Unterstützung für die Vorherrschaft des Mannes aufzufassen.*[74]

1.Timotheus 2,8-15

Ich will, dass die Männer überall beim Gebet ihre Hände in Reinheit erheben, frei von Zorn und Streit. Auch sollen die Frauen sich anständig, bescheiden und zurückhaltend kleiden; nicht Haartracht, Gold, Perlen oder kostbare Kleider seien ihr Schmuck, sondern gute Werke; so gehört es sich für Frauen, die gottesfürchtig sein wollen Eine Frau soll sich still *(hesuchia)* und in aller Unterordnung *(hypotassomai)* belehren lassen. Dass eine Frau lehrt *(didaskein),* erlaube ich nicht, auch nicht, dass sie über ihren Mann herrscht *(authentein);* sie soll sich still verhalten. Denn zuerst wurde Adam erschaffen, danach Eva. Und nicht Adam wurde verführt, sondern die Frau ließ sich verführen und übertrat das Gebot. Sie wird aber dadurch gerettet werden, dass sie Kinder zur Welt bringt, wenn sie in Glauben, Liebe und Heiligkeit ein besonnenes Leben führt.

Mit diesem Textabschnitt haben die Befürworter der Unterordnung der Frauen all jene Frauen zum Schweigen gebracht, die Positionen anstrebten, in denen sie im weitesten Sinne über Männer „Autorität ausübten". Wie die Aussagen über Frauen in 1.Kor. 14 im jeweiligen Kontext betrachtet werden müssen (und nicht isoliert für sich allein), muss auch in diesem Abschnitt das Umfeld genau beachtet werden.

Dieser Brief sollte Timotheus praktische Ratschläge geben, wie er mit den Menschen umgehen sollte, die in seiner Gemeinde falsche Lehren verbreiteten. Timotheus sollte die Gemeinde vor Irrlehren bewahren, indem er die Verkündiger von falschen Lehren, Mythen und endlosen Abstammungslisten zum Schweigen brachte (Vers 3). Die Verfechter einer hierarchischen Ordnung behaupten, Paulus verbiete generell die Lehrtätigkeit und die Autoritätsausübung von Frauen über Männer. Betrachtet man diese Aussagen jedoch im Kontext, in griechischer Sprache und unter sorgfältiger Beachtung der Wortbedeutungen, so erscheint die Sache durchaus nicht so klar und eindeutig, wie manche meinen.

Sehen wir uns zunächst an, was *eindeutig* gesagt wird.

Es ist eindeutig, was Frauen tun sollen: Lernen

Die Kernaussage in diesem Abschnitt lautet, dass Frauen unterwiesen werden sollen. Das einzige hier gegebene Gebot ist: „Eine Frau lerne", und unter Berufung auf die Schöpfung wird gesagt, dass Eva betrogen wurde. Betrug ist eine „unvermeidliche Konsequenz von Unwissenheit (...), und das Ergebnis ist offensichtlich. *Die Frauen sollen lernen, damit sie nicht mehr so leicht getäuscht werden können.*[75]

KNIGHT meint, dass der Hinweis von Paulus darauf, dass Eva getäuscht wurde, sich auf das Vertauschen der Rollen bezieht, doch in Wirklichkeit bezieht sich dieser Verweis auf den Kontext dieses ganzen Abschnitts. Der *Auftrag* (und nicht die „Bitte", wie KNIGHT meint) besagt, *dass Frauen lernen sollen.* „Eine Frau lerne" lautet die imperativische Formulierung in diesem Satz. Darin steckt die Aussage, dass Frauen lernen müssen, weil Mangel an Wissen dazu führt, dass sie betrogen werden. Außerdem kann jemand, der nie etwas gelernt hat, auch nichts lehren.

Obgleich das *Bereitstellen von Lernmöglichkeiten für Frauen (...) womöglich auf moralischen Widerspruch der Nichtchristen stoßen würde, weil die Lehrer zunächst nur Männer sein konnten, da ausschließlich Männer im Glauben gelehrt wurden und es in der jüdischen Tradition den Frauen streng verboten war, mit Männern zu sprechen, die nicht ihre Ehemänner waren,*[76] gab Paulus der Gemeinde den Auftrag, dass die Frauen unterrichtet werden sollten. BRISTOW bestätigt, *dass das Verlangen des Paulus, die Frauen im Glauben zu lehren, vom Gedanken her sehr radikal und nur schwer durchführbar war (...) Frauen waren weder daran gewöhnt, Vorträge anzuhören oder über theologische Sachverhalte nachzudenken noch überhaupt sich auf das Lernen zu konzentrieren. Darum gab Paulus ihnen die Anweisung zu lernen, jedoch „in der Stille in aller Unterordnung" (1. Tim. 2,11). Das hier für Unterordnung verwendete Wort ist* hypotassomai*; es bezeichnet die freiwillige Bereitschaft, auf die Bedürfnisse anderer zu achten. Was im Gottesdienst gilt (1.Kor. 14), gilt auch beim Lernen: Frauen sollen auf andere Rücksicht nehmen. Aber das Wort für Stille ist* hesuchia*. Es bedeutet mehr als nur „nicht sprechen", es bezeichnet das konzentrierte Schweigen wie z.B. beim Meditieren oder Lernen. Nur wenige Sätze zuvor hat Paulus genau dieses Wort gebraucht, um das friedliche und ruhige Leben zu beschreiben, dass er allen Glaubenden ans Herz legt.*[77]

Mit dem Ziel, falsche Lehren abzuwehren, befiehlt Paulus also den Frauen, zu lernen – was gegen die jüdische Tradition war. Der Einwurf, dass Frauen nicht lehren sollen, erklärt sich allein daraus, dass sie zunächst erst einmal lernen mussten.[78]

Es ist eindeutig, was Frauen nicht tun sollen: Authentein

Ein weiterer Punkt in diesem Abschnitt des Timotheusbriefs ist der Gebrauch des Wortes *authentein,* das mit „Autorität ausüben" übersetzt wurde. Über den Bedeutungsgehalt von *authentein* besteht keine Übereinstimmung, aber eines ist sicher: Wenn Paulus vorgehabt hätte, den Frauen jegliche Ausübung von Autorität in der herkömmlichen Bedeutung dieses Worts zu verbieten, so hätte er mit großer Wahrscheinlichkeit das dafür übliche Wort *exousia* benutzt. Stattdessen verwendet Paulus ein ganz anderes Wort, das an keiner anderen Stelle im Neuen Testament vorkommt, um anzudeuten, dass er hier eine ganz andere Art von Autorität meint. Der Historiker Josephus gebraucht *authentein,* um Antipas, den Sohn des Herodes, zu beschreiben, der des Mordes an seinen beiden Brüdern und des versuchten Mordes an seinem Vater angeklagt war (…) Demnach bedeutet *authentein* so viel wie „herrschen" oder „absolute Macht ausüben" über Personen, in der Absicht, sie zu zerstören.[79]

BRISTOW sagt, dass *authenteo im Widerspruch zu dem Geist der Liebe und des Respekts steht, den Paulus allen Christen empfiehlt.*[80]

Wichtig ist auch die Feststellung, dass die Weigerung des Paulus, Frauen Herrschaftsgewalt über Männer zu geben, nicht bedeutet, dass umgekehrt die Männer über die Frauen herrschen dürften.

Gewaltherrschaft, die andere unterdrückt und zerstört, entspricht niemals dem Willen Christi, weder für Männer noch für Frauen.

Es ist nicht eindeutig klar, warum Paulus dieses Verbot ausspricht.

Einige Traditionalisten sind davon überzeugt, dass die Weigerung des Paulus, Frauen eine Lehrtätigkeit zu gestatten, nicht kulturell bedingt sei, sondern auf der Schöpfungsordnung basiere und darum auch für uns heute weiterhin verpflichtend sei. GEORGE KNIGHT III. schreibt Folgendes: *Verboten wird hier die Lehrtätigkeit (didaskein) und das Beherrschen (authentein). Das Verbot besagt nicht, dass eine Frau generell niemanden lehren darf, sondern dass sie innerhalb der Gemeinde keine Männer lehren und keine Autorität über Männer (andros) ausüben darf.*[81]
Er ist der Auffassung, *dass der Grund für dieses rigorose Verbot gleich anschließend in den Versen 13 und 14 genannt wird: „... denn Adam wurde zuerst gebildet, danach Eva."*[82]

KNIGHT beruft sich an mehreren Stellen auf die Schöpfungsberichte und nimmt die dazu geäußerten Vermutungen als Grundlage für seine Überzeugung. Eine dieser Vermutungen ist die, dass *die Reihenfolge, in der Gott Mann und Frau erschuf, die von Gott beabsichtigte Beziehung und Autoritätsordnung ausdrückt (und festlegt). Der zuerst erschaffene Mensch soll der Herrscher sein, und der nach und aus dem ersten Menschen geschaffene zweite Mensch soll diesem untertan sein.*[83]

Dies ist eine Interpretation, die *von außen* in diesen Text hineingelegt wird und nicht in diesem Text *enthalten* ist. Die vorgefasste Meinung von KNIGHT, dass Männer dominieren und Frauen sich unterordnen sollen, beeinflusst hier offensichtlich seine Schriftauslegung. Der Bezugsrahmen, von dem er ausgeht, ist nicht das Schöpfungsgeschehen, sondern vielmehr der Sündenfall, den er zur Norm erhebt. Keine Aussage im Schöpfungsbericht aus 1.Mose 1–2 lässt den Schluss zu, dass Beherrschen und Unterordnen auf die Reihenfolge der Schöpfung zurückzuführen sind (siehe Abschnitt „Die Auslegung der Schrift. Das Alte Testament", S. 31ff.). Jede Unterordnung bzw. jedes Herrschen ist eine *Konsequenz der Sünde* und kann daher nicht nachträglich in die von Gott beabsichtigte Schöpfungsordnung hineingetragen werden.

Andere wiederum sind der Ansicht, dass es Paulus an dieser Stelle keineswegs um Fragen der Hierarchie, sondern um eine Auseinandersetzung mit gnostischen Lehren geht. Einige Gnostiker vertraten nämlich die Auffassung, dass der erste Mensch androgyn (zweigeschlechtlich) war und erst nach dessen Teilung die beiden verschiedenartigen Einzelpersonen Adam und Eva entstanden.[84] Paulus korrigiert diese Lehrmeinung, indem er deutlich macht, dass zuerst Adam gebildet wurde und danach Eva.

Eine weitere Lehrmeinung der Gnosis war, dass Adam unwissend war, während Eva die Wahrheit kannte. Dieser Lehre hält Paulus entgegen, dass Eva betrogen wurde und nicht Adam. Es wäre einfach absurd, aus dieser Argumentationskette herauslesen zu wollen, dass Paulus mit diesen Tatsachen die Vorherrschaft des Mannes begründen wollte. CATHERINE KROEGER sagt dazu: *Das hieße ja, ein vorsätzlicher Sünder wäre besser als einer, der durch Betrug zum Sünder wird. Dann hätten wir bald eine Kirche, in der Schurken über Dummköpfe herrschten.*[85]

Andere Gnostiker gaben Eva keine Schuld, weil ihr durch *die Frucht vom Baum der Erkenntnis (Gnosis) die Wahrheit bekannt war*[86]. In diesem Abschnitt jedoch erklärt Paulus ganz eindeutig (wobei er an anderer Stelle Adam die Verantwortung für die Sünde zuschreibt – 1.Kor. 15,22), dass Eva nicht im Besitz der Erkenntnis war, weil sie „in Übertretung" fiel, d.h. sie missachtete das Gesetz Gottes.[87]

Danach macht Paulus die schwer nachvollziehbare Aussage: „Sie wird aber durch Kindergebären gerettet werden." Hierfür gibt es mehrere mögliche Erklärungen, die jedoch alle nicht eindeutig zu belegen sind.

Was diese Äußerung nicht bedeuten kann, ist, dass Frauen durch Kindergebären gerettet werden. Dieser Gedanke widerspricht der ganzen übrigen Schrift. Diese Auffassung teilen auch diejenigen, die darauf beharren, die Schrift meine kurz zuvor in Vers 12 genau das, was sie ohne Rücksicht auf den Gesamtzusammenhang zu sagen scheint („Ich erlaube aber einer Frau nicht, zu lehren, noch über den Mann zu herrschen").

Wie ist Vers 15 nun zu verstehen? Eine mögliche Bedeutung – so BRISTOW – ist, dass Paulus mit dem Kindergebären hier auf die Geburt des Christuskindes anspielt: ... *Ihr, die ihr Frauen wegen des Urbilds der Eva als geistlich minderwertig anseht, solltet nicht vergessen, dass Gott den Mittler für unser aller Heil in Zusammenarbeit mit einer Frau, Maria, in die Welt sandte. Und euch Gnostikern, die ihr alles Körperliche als böse anseht, erwidere ich: Mein Evangelium sagt mir, dass mein Erlöser von einer Frau geboren wurde; er war aus Fleisch und Blut, geboren von Fleisch und Blut, und auf diese Weise wurde die frohe*

Botschaft von der Erlösung allen angeboten, die in Glauben, Liebe und Heiligung leben. [88]
Ein weitere Möglichkeit ist, dass es hier um das Zurückweisen einer Irrlehre geht, die Frauen verachtete, wenn sie verheiratet waren und Kinder aufzogen. Manche Sekten hatten die Tendenz, die Ehe abzuwerten und den Ehelosen eine besondere Stellung zuzuweisen. Paulus wollte den Ehefrauen und Müttern bewusst machen, dass sie unter Gottes Segen stehen und nicht unter einem Fluch. Ehelosigkeit ist keine Voraussetzung für geistliches Leben.

Eine dritte mögliche Interpretation, vorgebracht von CATHERINE und RICHARD KROEGER in „I SUFFER NOT A WOMAN", bezieht sich auf die Lehre der Gnostiker, wonach Frauen erst Männer werden müssten, um gerettet zu werden. Paulus tritt dieser Auffassung entgegen, indem er sagt, dass Frauen als Mütter in gleicher Weise gerettet werden wie Männer, nämlich durch ein Leben „in Glauben, Liebe und Heiligkeit".

Zusammenfassung

Im Hinblick auf die Irrlehren, die zum Schweigen gebracht werden müssen, ermahnt Paulus die Frauen, sich die verbürgte Lehre verstehend anzueignen.

Im Kontext des gesamten Briefes wird klar, dass dieser Abschnitt nicht die Absicht hat, Frauen von jeglicher Beteiligung am Dienst in der Gemeinde fern zu halten. Wenn Ausleger diesen Vers zum Eckstein machen, auf den alle anderen Verse ausgerichtet werden müssen, dann versuchen sie damit nur, eine vorgefasste persönliche Auffassung zu legitimieren. Diese Art von Schriftauslegung wird der Schrift in ihrer Gesamtheit nicht gerecht.

Paulus schrieb diesen Brief, um Timotheus dabei zu unterstützen, die Theologie junger Konvertiten aus dem heidnischen Umfeld zurückzuweisen, die die christliche Wahrheit durch gnostisches Gedankengut verfälschten. Alle Aussagen über Frauen dienen entweder dazu, Lehrsätze der Gnostiker zu widerlegen oder praktische Verhaltensmaßstäbe für Christen vorzulegen, die in einem heidnischen Umfeld lebten. Der Lehrinhalt dieses Abschnitts könnte demnach sehr wohl in der Absicht formuliert sein, einer Reihe von Irrlehren der Gnostiker entgegenzutreten:

Gnostische Lehre: Eva wurde nicht betrogen, sondern war Überbringerin der Wahrheit.

Erwiderung des Paulus: „Nein. Richtig ist: Eva wurde betrogen, sie kann deshalb nicht die Quelle der Wahrheit sein."

Gnostische Lehre: Eva gebar den Adam, sie war seine Urheberin.

Erwiderung des Paulus: „Nein, ich lasse nicht zu, dass Frauen sich als Urheber (Hervorbringer) der Männer bezeichnen. Adam wurde zuerst erschaffen und danach Eva."

Gnostische Lehre: Frauen müssen erst Männer werden, um gerettet zu werden.

Erwiderung des Paulus: „Nein, Frauen werden als Frauen (als diejenigen, die Kinder gebären) genauso wie Männer gerettet – durch Glauben, Liebe und Heiligkeit."

Der Hinweis von Paulus, dass Eva betrogen wurde, sollte eine Warnung für die ganze Gemeinde sein, nicht nur für die Frauen. Es passt nicht in die theologische Gesamtschau des Paulus, darauf zu bestehen, dass, nur weil Eva verführt wurde, Frauen immer wieder verführt würden und darum ungeeignet seien, zu lehren. Die von Adam begangene Sünde des Ungehorsams bedeutet ja auch nicht, dass Männer immer ungehorsam sein werden und darum Gottes Gebote niemals konsequent befolgen können. Paulus betont, dass das Blut Christi uns von aller Ungerechtigkeit reinwäscht. Warum sollte dann nicht auch Evas Verfehlung durch das Blut Christi bereinigt werden können?

1.Timotheus 3,1-13

Das Wort ist glaubwürdig: Wer das Amt eines Bischofs anstrebt, der strebt nach einer großen Aufgabe. Deshalb soll der Bischof ein Mann ohne Tadel sein, nur einmal verheiratet, nüchtern, besonnen, von würdiger Haltung, gastfreundlich, fähig zu lehren: er sei kein Trinker und kein gewalttätiger Mensch, sondern rücksichtsvoll; er sei nicht streitsüchtig und nicht geldgierig. Er soll ein guter Familienvater sein und seine Kinder zu Gehorsam und allem Anstand erziehen. Wer seinem eigenen Hauswesen nicht vorstehen kann, wie soll der für die Kirche Gottes sorgen? Er darf kein Neubekehrter sein, sonst könnte er hochmütig werden und dem Gericht des Teufels verfallen. Er muss auch bei den Außenstehenden einen guten Ruf haben, damit er nicht in üble Nachrede kommt und in die Falle des Teufels gerät. Ebenso sollen die Diakone sein: achtbar, nicht doppelzüngig, nicht dem Wein ergeben und nicht gewinnsüchtig; sie sollen mit reinem Gewissen am Geheimnis des Glaubens festhalten. Auch sie soll man vorher prüfen, und nur wenn sie unbescholten sind, sollen sie ihren Dienst ausüben. Ebenso sollen die Frauen ehrbar sein, nicht verleumderisch, sondern nüchtern und in allem zuverlässig. Die Diakone sollen nur einmal verheiratet sein und ihren Kindern und ihrer Familie gut vorstehen. Denn wer seinen Dienst gut versieht, erlangt einen hohen Rang und große Zuversicht im Glauben an Christus Jesus.

Dieser Brief des Paulus an den Timotheus wird oft als Beleg herangezogen, um Frauen von geistlichen Leitungsaufgaben auszuschließen, weil hier gefordert wird, dass der Aufseher Ehemann einer Frau sein muss. Wenn Frauen mit dieser Begründung ausgeschlossen werden, müssten auch Jesus, Paulus und Barnabas von solchen Aufgaben ausgeschlossen werden, weil sie nicht verheiratet waren. Offenbar wurden geistliche Leitungsaufgaben hauptsächlich auf Männer übertragen, weil sie in der Regel über die nötige Bildung und die entsprechende soziale Position verfügten. Es ging hier wohl nicht darum, Frauen auszuschließen, sondern darum, zu betonen, wie wichtig ein monogamer Lebensstil für geistliche Leitungsaufgaben ist. Nur Männer konnten überhaupt mehrere Frauen haben, denn einer Frau war es gar nicht erlaubt, mehr als einen Ehemann zu haben.

Zudem versucht Paulus hier, speziell das Ausgrenzen von Frauen zu vermeiden, indem er das umfassende Pronomen „jemand" benutzt („wenn jemand nach einem Aufseherdienst trachtet"). Die englischen Übersetzungen verwenden zwar häufig das Wort „Mann", aber im griechischen Text kommt dieses Wort gar nicht vor. Zu beachten ist ebenfalls, dass es in Vers 11 nicht um „ihre" (nämlich der Bischöfe oder Diakone) Frauen geht, sondern um „Frauen" allgemein, die „in gleicher Weise" angesprochen werden.

1.Timotheus 5,1-2

> Einen älteren Mann sollst du nicht grob behandeln, sondern ihm zureden wie einem Vater. Mit jüngeren Männern rede wie mit Brüdern, mit älteren Frauen wie mit Müttern, mit jüngeren Frauen wie mit Schwestern, in aller Zurückhaltung.

Paulus gibt Timotheus hier weitere praktische Ratschläge – diesmal in Bezug auf seinen Umgang mit verschiedenen Personengruppen. Dabei benutzt er für ältere Männer das gleiche Wort *(presbyteros)* wie für ältere Frauen *(presbytera)*.

Titus 1,5-16

> Ich habe dich in Kreta deswegen zurückgelassen, damit du das, was zu tun ist, zu Ende führst und in den einzelnen Städten Älteste einsetzt, wie ich dir aufgetragen habe. Ein Ältester soll unbescholten und nur einmal verheiratet sein. Seine Kinder sollen gläubig sein; man soll ihnen nicht nachsagen können, sie seien liederlich und ungehorsam. Denn ein Bischof muss unbescholten sein, weil er das Haus Gottes verwaltet; er darf nicht überheblich und jähzornig sein, kein Trinker, nicht gewalttätig oder habgierig. Er soll vielmehr das Gute lieben, er soll gastfreundlich sein, besonnen, gerecht, fromm und beherrscht. Er muss ein Mann sein, der sich an das wahre Wort der Lehre hält; dann kann er mit der gesunden Lehre die Gemeinde ermahnen und die Gegner widerlegen. Denn es gibt viele Ungehorsame, Schwätzer und Schwindler, besonders unter denen, die aus dem Judentum kommen. Diese Menschen muss man zum Schweigen bringen, denn aus übler Gewinnsucht zerstören sie ganze Familien mit ihren falschen Lehren. Einer von ihnen hat als ihr eigener Prophet gesagt: Alle Kreter sind Lügner und faule Bäuche, gefährliche Tiere. Das ist ein wahres Wort. Darum weise sie streng zurecht, damit ihr Glaube wieder gesund wird und sie sich nicht mehr an jüdische Fabeleien halten und an Gebote von Menschen, die sich von der Wahrheit abwenden. Für die Reinen ist alles rein; für die Unreinen und Ungläubigen aber ist nichts rein, sogar ihr Denken und ihr Gewissen sind unrein. Sie beteuern, Gott zu kennen,

> durch ihr Tun aber verleugnen sie ihn; es sind abscheuliche und unbelehrbare Menschen, die zu nichts Gutem taugen.

Zu den Leuten, denen hier der Mund gestopft werden sollte, gehörten mit Sicherheit auch Männer, da die Lehrtätigkeit meist von Männern ausgeübt wurde. Dies spricht dafür, dass dieses „zum Schweigen bringen" nicht allgemein galt, sondern nur auf bestimmte Personengruppen in bestimmten Situationen bezogen war. Paulus war sehr darum bemüht, die Wahrheit zu lehren, deshalb musste er entschieden gegen jede Situation eintreten, die zu einer Verfälschung der von ihm gelehrten Wahrheit führen konnte.

Titus 2,1-10

> Du aber verkünde, was der gesunden Lehre entspricht. Die älteren Männer sollen nüchtern sein, achtbar, besonnen, stark im Glauben, in der Liebe, in der Ausdauer. Ebenso seien die älteren Frauen würdevoll in ihrem Verhalten, nicht verleumderisch und nicht trunksüchtig; sie müssen fähig sein, das Gute zu lehren, damit sie die jungen Frauen dazu anhalten können, ihre Männer und Kinder zu lieben, besonnen zu sein, ehrbar, häuslich, gütig und ihren Männern gehorsam, damit das Wort Gottes nicht in Verruf kommt. Ebenso ermahne die jüngeren Männer, in allen Dingen besonnen zu sein. Gib selbst ein Beispiel durch gute Werke. Lehre die Wahrheit unverfälscht und mit Würde, mit gesunden, unanfechtbaren Worten; so wird der Gegner beschämt und kann nichts Schlechtes über uns sagen. Die Sklaven sollen ihren Herren gehorchen, ihnen in allem gefällig sein, nicht widersprechen, nichts veruntreuen; sie sollen zuverlässig und treu sein, damit sie in allem der Lehre Gottes, unseres Retters, Ehre machen.

Die Botschaft dieses Textabschnitts ist, dass alle Weisungen über christliches Verhalten mit der gesunden Lehre vereinbar sein müssen. Glaube und Verhalten müssen einander entsprechen. Nichtgläubige beobachten das Verhalten der Christen, und wenn es sich mit ihren Worten deckt, wird das Wort Gottes dadurch geehrt; wenn Wort und Tat jedoch nicht übereinstimmen, wird das Wort Gottes unglaubwürdig gemacht. Die Umsetzung im jeweiligen kulturellen Umfeld war für Frauen ebenso ein Thema wie für Sklaven. Paulus verteidigt nicht die Sklaverei als eine von Gott gegebene Einrichtung, wenn er von den Sklaven fordert, so zu leben, dass sie der christlichen Lehre damit Ehre machen. Er wollte auch nicht generell zum Prinzip erheben, dass Frauen sich nur um das Haus kümmern und ausschließlich jüngere Frauen unterweisen sollten, als er sie anwies, innerhalb ihres kulturellen Umfelds so zu leben, dass ihre christliche Lebenshaltung deutlich wurde. Sie sollten ihren Lebenswandel vorbildlich führen, sodass er mit ihrem Leben in Christus übereinstimmte, wie es zu jener Zeit erwartet wurde.

2.6 Die Umsetzung der neuen Sichtweise durch die christliche Gemeinde

Paulus verblüffte nicht nur durch seine Aussagen. Auch die Durchführung von Gottesdiensten, an denen Männer und Frauen gemeinsam teilnahmen, provozierte viele Fragen und befremdete seine jüdischen und heidnischen Zeitgenossen. BRISTOW erinnert an Folgendes: *Die Apostel sprachen schon sehr früh über die „Frauen aus unserem Kreis" (Luk. 24,22). Ihre Gebete verrichteten die Apostel „mit einigen Frauen" (Apg. 1,14). Nach dem Pfingstgeschehen wurden „hinzugetan Scharen von Männern und auch Frauen" als solche, die an den Herrn glaubten (Apg. 5,14), und sowohl Männer als auch Frauen wurden getauft (Apg. 8,12).*[89]

Welche Bedeutung Frauen in der Gemeinde hatten, wird durch die Tatsache unterstrichen, dass Saulus vor seiner Bekehrung gläubige Männer und Frauen verhaften ließ (Apg. 8,3; 9,1-2 und 22,4-5). BRISTOW legt Folgendes dar: *Dieselbe Missachtung der sozialen Grenzen zwischen Männern und Frauen und der kulturellen Schutzmechanismen Frauen gegenüber, die Paulus bei seiner leidenschaftlichen Verfolgung der Christen an den Tag legte, kennzeichnen auch seinen leidenschaftlichen Einsatz nach seiner Bekehrung zum Apostel der Gemeinde.*[90]

Das stärkste Argument für die gleichberechtigte Beteiligung der Frauen in der Gemeinde liefert Petrus an Pfingsten, als er Joel 3,1-2 zitiert. BRISTOW bemerkt dazu: *Es wäre in der Tat äußerst seltsam, wenn die Gemeinde, unter der Leitung der Apostel, die Geistausgießung als Zeichen eines neuen Zeitalters werten und dennoch den Frauen das*

Recht absprechen würde, vom Heiligen Geist inspirierte Botschaften an die Gemeinde weiterzugeben![91]
Die Aussage des Petrus wurde nicht nur wörtlich aufgezeichnet – der Petrusbrief belegt zudem, mit welchem Nachdruck die frühen Christen darin unterwiesen wurden, diese neue Beziehung zwischen Männern und Frauen im täglichen Leben umzusetzen.

1.Petrus 3,1-8

Ebenso sollt ihr Frauen euch euren Männern unterordnen, damit auch sie, falls sie dem Wort (des Evangeliums) nicht gehorchen, durch das Leben ihrer Frauen ohne Worte gewonnen werden, wenn sie sehen, wie ehrfürchtig und rein ihr lebt. Nicht auf äußeren Schmuck sollt ihr Wert legen, auf Haartracht, Gold und prächtige Kleider, sondern was im Herzen verborgen ist, das sei euer unvergänglicher Schmuck: ein sanftes und ruhiges Wesen. Das ist wertvoll in Gottes Augen. So haben sich einst auch die heiligen Frauen geschmückt, die ihre Hoffnung auf Gott setzten. Sie ordneten sich ihren Männern unter. Sara gehorchte Abraham und nannte ihn ihren Herrn. Ihre Kinder seid ihr geworden, wenn ihr recht handelt und euch vor keiner Einschüchterung fürchtet. Ebenso sollt ihr Männer im Umgang mit euren Frauen rücksichtsvoll sein, denn sie sind der schwächere Teil; ehrt sie, denn auch sie sind Erben der Gnade des Lebens. So wird euren Gebeten nichts mehr im Weg stehen.

Der allgemeine Kontext dieses Abschnitts ist der christliche Umgang miteinander: gegenseitige Unterordnung, gegenseitiger Dienst und gegenseitige Liebe. Hier geht es im Besonderen darum, die nicht geretteten Menschen für Christus zu gewinnen.

Der Hinweis darauf, wie Sara dem Abraham gehorchte, erinnert uns an ihre Fähigkeit und Bereitschaft, Gott zu vertrauen und *keinerlei Schrecken zu fürchten,* noch nicht einmal im Blick auf Abrahams Alter und Feigheit. (Er gab sie als seine Schwester aus und brachte sie dadurch in Gefahr, um sein eigenes Leben zu retten.) Petrus schreibt hier den Frauen, deren Ehemänner noch keine Christen sind, dass sie als Saras Töchter gelten, wenn sie ihrem Beispiel folgen und *keinen Schrecken fürchten (…), sondern ihr*

Vertrauen auf Gott setzen.[92] Dies könne durchaus zur Folge haben, dass die Frauen ihre Ehemänner durch Reinheit und Aufrichtigkeit ihres Wandels für Christus gewinnen.

In den vorangegangenen Versen war davon die Rede, dass die Sklaven ihren Herren gehorchen sollten, und die inhaltliche Überleitung von den Sklaven zu den Frauen erfolgt durch das mit „ebenso" übersetzte Wort, dem hier ein besondere Bedeutung zukommt. Die von Christus vorbildhaft gelebte dienende Haltung, die auch von den Sklaven gefordert wird, soll auch das maßgebliche Beispiel für die Ehefrauen sein.[93]

Petrus wendet sich anschließend den christlichen Ehemännern zu und sagt, dass ihr Gebet beeinträchtigt wird, wenn sie ihre Frauen nicht mit dem gebührenden Respekt behandeln.

Überraschenderweise wird für die inhaltliche Überleitung von den Ehefrauen zu den Ehemännern wiederum das Wort „ebenso" gebraucht. Die von Christus vorbildhaft gelebte dienende Haltung, die auch von den Sklaven und Ehefrauen gefordert wird, soll auch das maßgebliche Beispiel für die Ehemänner sein. BILEZIKIAN führt dafür folgende Argumente an: *... der Apostel Petrus mutet den Ehemännern einen tief greifenden Rollentausch zu. In einem patriarchalischen System war es die Pflicht der Ehefrau, dem Mann gegenüber „respektvoll zu sein", ihm „Ehre zu machen" (...), den Ehemann als bevorzugten Erben der Segnungen des Lebens anzusehen. (...) Nun sollen plötzlich die Ehemänner ihre Frauen respektvoll behandeln, ihnen Ehre geben wie ein Sklave seinem Herrn. Frauen werden (...) in der neuen Schöpfung (...) gemeinsam mit ihren Ehemännern zu „Miterben". Ehemann und Ehefrau werden zu gleichberechtigten Empfängern der Gnade, die ja die Quelle ihres neuen Lebens ist. Und wenn die Ehemänner auch nur in einem dieser Bereiche in ihre frühere, selbstherrliche Art zurückfallen, so werden damit ihre Gebete nichtig. Wenn sie ihre Frauen wie Sklaven behandeln, anstatt ihnen zu dienen, errichten sie damit eine geistliche Barriere, die sie selbst und deshalb auch ihre Gebete inakzeptabel macht.*[94]

MARTIN beschreibt, wie die frühen Christen *Zeugnis ablegten gegen Kindesmord, Polygamie und Ehescheidung und wie sie begannen, das Prinzip der ehelichen Treue auf beide Ehepartner anzuwenden*[95] – dies sind Anzeichen dafür, welche positiven Auswirkungen die christlichen Grundprinzipien auf die Lebenssituation der Frauen hatten. So fing die Urgemeinde an, die Botschaft des Evangeliums in ihrer ganzen Fülle ernst zu nehmen, was für die Frauen eine vorher nicht gekannte Freiheit bedeutete.

Fragen zum Diskutieren und Nachdenken

1. In welcher Weise können Menschen, die Autorität besitzen, „über andere herrschen"?

2. Es ist schwierig, die in der Schrift aufgezeichneten Ereignisse mit den Augen der ursprünglich daran Beteiligten zu sehen, aber versuchen Sie dennoch, sich in die jüdische Kultur zur Zeit Jesu hineinzuversetzen, und stellen Sie sich vor, welche Begegnung zwischen Jesus und einer Frau in jener Kultur am meisten schockiert hätte. Was macht diese Begegnung so provozierend? Wie hätte wohl die an dieser Begegnung beteiligte Frau reagiert? Wie hätten andere Frauen reagiert, die vielleicht Augenzeugen dieser Begegnung waren? Können Sie sich eine ähnliche Situation in unserer heutigen Kultur vorstellen?

3. Welche maßgeblichen Faktoren für den christlichen Dienst können Sie aus den Worten und Taten Jesu in diesen Bibelabschnitten herauslesen?

4. Was würden Sie auf die Frage antworten: „Gilt die Erlösungsordnung für das ganze Leben im Hier und Jetzt oder nur für die geistliche Welt?"

5. Welchen Nutzen hat die Gemeinschaft der Glaubenden von den Ermahnungen des Paulus an die drei verschiedenen Personengruppen in 1.Kor. 14?

6. Wie würde eine Gemeinde aussehen, deren Mitglieder sich freiwillig einander unterordnen?

7. War die Anweisung des Paulus, den Umgang zwischen Ehemännern und Ehefrauen in gegenseitigem Einvernehmen zu regeln, in der damaligen Zeit eine revolutionäre Forderung? Ist das heute auch noch so?

8. Wenn das „Ein-Fleisch-Sein" eine gemeinsame Entscheidungsfindung erfordert, gilt dies auch für die Entscheidungsfindung in der Gemeinde, die ja der „eine" Leib Christi ist?

9. Welche Auswirkungen hat die konsequente Anwendung der Sichtweise der Erlösung auf die praktische Umsetzung von Textstellen wie Gal. 3,28; Eph. 5,21-33 oder 1.Tim. 1,1-13?

10. Fassen Sie die lehrmäßigen Aussagen zusammen, die Paulus an verschiedenen Stellen seiner Schriften über die Anwendung von *kephale* (Haupt) macht.

11. 1.Tim. 2,15 ist nicht leicht zu verstehen. Was hatten Sie bisher über die Aussage dieses Textes gewusst? Wie könnte man diesen Text noch auslegen? Welche dieser Deutungen passt nahtlos in das Gesamtbild der Schrift?

12. Können Sie sich vorstellen, was die Botschaft des Evangeliums für die Frauen zur Zeit Jesu/ zur Zeit des Paulus bedeutet hat? Welche Bedeutung kann sie für die Frauen in unseren Tagen annehmen?

13. Welche Herausforderungen sehen Sie für sich persönlich in dem Brief des Paulus an Timotheus für einen konsequent an der Schrift ausgerichteten Lebensstil? Müssten Sie in Ihrem Leben etwas ändern? Wenn ja, welche Folgen hätte das für die Brüder und Schwestern in Ihrer christlichen Gemeinschaft bzw. für Nichtchristen, die Ihren Lebenswandel beobachten?

14. Welche Grundregeln für den Gottesdienstablauf in der Gemeinde entdecken Sie in 1.Kor. 14,26-35?

Offenlegen der kulturellen Einflüsse

Die Herausforderung liegt darin, zu erkennen,
welche kulturellen Einflüsse
unsere theologische Sicht formen.

1. Die eigene geistliche Prägung erkennen

Es ist faktisch unmöglich, die Schrift völlig unvoreingenommen zu lesen, weil jeder Leser bei der Lektüre seine persönliche Glaubensprägung einbringt. Unser eigenes Schriftverständnis und unsere geistlichen Überzeugungen schwingen beim Lesen immer mit. Wir können jedoch ein größeres Maß an Objektivität erreichen, wenn wir uns bewusstmachen, welche Einflüsse unsere persönliche Theologie mit geprägt haben. Eine kurze Darstellung historischer Auslegungstraditionen, die sich auf unsere Sicht ausgewirkt haben, kann uns deutlich machen, welche Einflüsse die Interpretation der Textstellen in Bezug auf Frauen gestaltet haben. Dabei ist es wichtig, sowohl unsere persönlichen Denkvoraussetzungen zu erkennen als auch die Denkvorgaben anderer Menschen, die sich auf unsere Auslegung der Schrift und damit auf unsere Glaubensüberzeugungen auswirken.

Niemand ist frei von Vorurteilen.
Niemand ist frei von Stolz.
Niemand ist frei von Selbstbetrug.

2. Die Entstehung von Auslegungstraditionen

Die Originaltexte der Schrift haben sich seit ihrer Abfassung nicht geändert, aber unsere Auslegungen dieser Texte waren sehr wohl Wandlungen unterworfen. Der gedankliche Bezugsrahmen, der unserem persönlichen Schriftverständnis zugrunde liegt, ist sicher ein ganz wichtiger Faktor, aber auch die Prägung, die wir durch unser Heranwachsen in einer bestimmten Zeit und Kultur erhalten haben, beeinflusst unser Schriftverständnis. Eine Kurzdarstellung der

Rolle der Frau im Judentum und in der Kirche soll deutlich machen, in welcher Weise diese Einflüsse unser Verständnis von der Stellung der Frau geformt haben.

Die Stellung der Frau im Judentum

Obgleich Frauen zur Zeit des Alten Testaments im jüdischen Volk bedeutende Führungsaufgaben ausüben konnten, überwog doch eine negative Haltung gegenüber Frauen. SWIDLER beschreibt in „BIBLICAL AFFIRMATIONS OF WOMEN" die Lehren der Rabbiner in Bezug auf Frauen (siehe hierzu Abschnitt „Das Neue Testament. Die neue Sichtweise der Erlösung", S. 55ff.).

SWIDLER dokumentiert, dass *Frauen nicht am öffentlichen Gebet teilnehmen durften; dass sie bei Volkszählungen nicht mitgerechnet wurden und mit Kindern und Sklaven auf eine Stufe gestellt wurden; dass sie im Tempel nur zum Bereich der Heiden und zum Frauenbereich Zutritt hatten und von Männern auf der Straße nicht gegrüßt werden durften; dass sie bei Gericht kein Aussagerecht hatten und mit dem rabbinischen Lehrsatz leben mussten, demzufolge der eigene Tod im Wochenbett als eine Strafe dafür angesehen wurde, dass sie für den Tod Adams verantwortlich waren.*[1]

Die Stellung der Frau in der Urgemeinde

Die Stellung der Frau wurde durch das Leben Jesu und durch das Zerreißen des Tempelvorhangs bei seiner Kreuzigung grundlegend geändert. SPENCER führt Folgendes aus: *Der zerrissene Vorhang bedeutet, dass Gottes Geist jetzt nicht mehr an einem bestimmten Ort wohnte, sondern in den Menschen selbst. Das Volk Gottes ist zum beweglichen Zelt geworden, zum Heiligtum Gottes. Und weil der Geist nicht mehr im Allerheiligsten wohnt, wird auch die Abgrenzung des heiligen Ortes aufgehoben. Nun zieht Gott aus dem Heiligsten in den Vorhof der Priester und schafft auch die Sonderstellung des auserwählten Priesters ab. Danach fällt die Grenze zwischen Priestern und Laien, als Gott in den Vorhof des Volkes hinauszieht. Die Trennung zwischen Mann und Frau wird aufgehoben, als Gott den Vorhof der Frauen betritt. Und schließlich fällt auch die letzte trennende Barriere, als Gott den Vorhof der Heiden betritt. Der*

Geist Gottes zieht vom Allerheiligsten immer weiter nach außen in die äußeren Randbezirke des Tempels und illustriert so, welche Prioritäten Jesus auf der Erde im Umgang mit den verschiedenen Personengruppen gesetzt hat.[2]

Die Gemeinde machte in ihren Anfangszeiten große Fortschritte in Bezug auf die Freiheit der Frauen, gemäß ihrer Berufung durch Gott im christlichen Dienst aktiv zu werden. (Eine ausführliche Darstellung enthält der Abschnitt „Die Auslegung der Schrift. Das Neue Testament. Die neue Sichtweise der Erlösung", S. 55 bzw. 106ff.)

Die Stellung der Frau in den beiden ersten Jahrhunderten nach Christus

Eine anerkannte Definition für Geschichtsschreibung lautet:

... Sie ist eine systematische Berichterstattung und kritische Interpretation von Ereignissen, die für die menschliche Gesellschaft erinnernswert sind (...) Die Geschichtsschreibung war demnach (...) keine objektive Angelegenheit, da die aufgezeichneten Ereignisse das Resultat einer vom jeweiligen Geschichtsschreiber getroffenen Auswahl sind und nur die nach seinen persönlichen, sozialen und politischen Ansichten interessanten bzw. „erinnernswerten" Dinge enthalten.[3]

Wer bei den frühen Kirchenvätern nach Richtlinien für die Rolle der Frau sucht, darf nicht vergessen, dass auch deren Aufzeichnungen der historischen Ereignisse unter dem Einfluss ihrer eigenen Sichtweisen standen.

Die Väter der frühen Kirche übertrugen keine Leitungsaufgaben an Frauen, weil sie der festen Überzeugung waren, dass Frauen geistlich gesehen einen geringeren Stellenwert hatten.[4] Sie zweifelten ernsthaft daran, dass Frauen im Bilde Gottes geschaffen waren. Obwohl diese Überzeugung etwa tausend Jahre lang[5] weit verbreitet war, machten die Gegner der Christen in diesem Punkt keinen Unterschied, denn Frauen mussten ebenso wie Männer den Märtyrertod sterben. Im Jahre 203 n.Chr. wurde Perpetua, die erst einundzwanzig Jahre alt war, in Karthago (Nordafrika) wegen ihres Glaubens hingerichtet. Ihr Tagebuch über die Inhaftierung im Gefängnis ist das erste schriftlich überlieferte Zeugnis einer Christin. Ihr Leben und ihr Tagebuch waren eine Inspiration für viele spätere

Prediger, doch sie schrieben Perpetuas Standhaftigkeit angesichts des Todes ihren „männlichen" Charaktereigenschaften zu.

TERTULLIAN (160–225 n.Chr.) lehrte, dass die Frau eine betörende Verführerin sei, dass die Töchter Evas Bußgewänder tragen sollten, und gab den Frauen die Schuld an den Leiden der Menschheit. Er sagte: *Wisst ihr nicht, dass ihr (alle) Evas seid? Die Strafe Gottes – für dieses euer Geschlecht – gilt auch in unserer Zeit; die Schuld besteht also auch weiter (...), ihr seid das Eingangstor des Teufels; ihr habt das Siegel jenes (verbotenen) Baumes aufgebrochen; ihr seid die ersten Übertreter des göttlichen Gesetzes.*[6]

EPIPHANIUS (315-403 n.Chr.) sagte: *Das weibliche Geschlecht ist leicht zu verführen, schwach und ohne großen Verstand.*

AMBROSIUS (339–397 n.Chr.) lehrte, dass *bei gläubigen Frauen der weibliche Charakter abnehme und sie zunehmend die Tugenden des männlichen Geschlechts annähmen (...)*

AUGUSTINUS (354–430 n.Chr.) erklärte in seinen Predigten über Perpetua, dass *die Männlichkeit ihrer Seele ihre Geschlechtszugehörigkeit überlagert habe.* Außerdem meinte er, dass *Frauen das Physische verkörpern, die Männer hingegen das Geistliche.*[7]

AUGUSTINUS gestand verheirateten Frauen eine etwas bessere Stellung zu: *Die Frau ist mit ihrem Ehemann zusammen das Abbild Gottes, d.h. die beiden zusammen sind ein ganzes Abbild. Doch in ihrer Funktion als Gehilfin, einer Aufgabe, die nur ihr allein zukommt, ist sie nicht das Abbild Gottes; was aber den Mann betrifft, so ist er auch für sich allein genommen ebenso vollständig und umfassend das Abbild Gottes, als sei er mit der Frau zu einer Einheit verbunden.*[8]

Im Jahre 584 stimmten bei einer Versammlung von 63 anwesenden Bischöfen und ihren Vertretern in Lyon, Frankreich, in der Frage „Sind Frauen menschliche Wesen?" 32 mit Ja und 31 mit Nein. Die Frauen wurden also mit einer einzigen Stimme Mehrheit zu Menschen erklärt.[9]

Im 2. Jahrhundert sprach sich nur eine einzige Stimme unter den vielen negativ eingestellten für die Frauen aus. KLEMENS VON ALEXANDRIA, ein Zeitgenosse Tertullians, der Leiter der christlichen Schule in Alexandria war, bis er 203 n.Chr. durch die Christenverfolgung vertrieben wurde, bestand darauf, dass Männer und Frauen gleichermaßen „philosophieren" dürfen.[10]

BRISTOW bestätigt, dass *speziell die Schriften der frühen Kirchenväter, insbesondere des Augustinus, das Denken späterer Generationen nachhaltig prägten. Augustinus stand unter dem Einfluss von Aristoteles. Durch seinen Einfluss bekamen die Männer in leitenden Positionen eine sexistische Grundhaltung, die sie dazu veranlasste, auch die Schriften des Paulus entsprechend zu interpretieren.*

So entstand schließlich folgende Situation: *In der Kirche setzte sich nicht das von Paulus vertretene Gedankengut durch, sondern (das Gedankengut des) Aristoteles, eines fünfhundert Jahre älteren heidnischen Philosophen. Und dieses Gedankengut wurde in den heiligen Stätten und Kathedralen des christlichen Glaubens mit den – unter Missachtung des Kontexts – übersetzten Worten des Paulus begründet; ohne jeglichen Hinweis auf das Ideal, das Paulus so sehr am Herzen gelegen hatte und das er mit so großem Ernst in der Gemeinde zu verwirklichen suchte, nämlich dass bei den Christen Männer und Frauen gleichgestellt sein sollten.*[11]

So wurde das von Paulus vertretene Modell, das in der Urgemeinde zunächst verwirklicht worden war, durch die Philosophenschulen des römisch-hellenistischen Kulturraums systematisch zerstört. Später erhielt das paulinische Ideal der Gleichheit der Geschlechter in der Kirche *den Todesstoß, (als...)* KONSTANTIN *den christlichen Glauben gesellschaftsfähig machte. Christsein war plötzlich „in" (...), und wer bei Hofe angesehen sein wollte, musste nun der Kirche angehören. (...) Vielen war die Lehre Christi dabei (ziemlich) gleichgültig. Durch die zunehmende Verweltlichung der Kirche wurde das kirchliche Leben immer mehr zu einem Abbild der römischen-hellenistischen Gesellschaft. (...) Nach und nach vermischten sich die Lehren der griechischen Philosophie mit der christlichen Theologie zu einem wirren Geflecht mit heidnisch geprägter Grundhaltung.*[12]

Dieses heidnische Frauenbild beeinflusste die christliche Lehre in Gestalt der römischen Zivilisation, *(bis) selbst das lehrmäßige Rückgrat der Kirche, das kanonische Gesetz, diese Stellung der Frau – nämlich die Unterwerfung unter die Vorherrschaft des Mannes – institutionell festschrieb.*[13]

Die Stellung der Frau im Mittelalter

BRISTOW kommt zu dem Schluss, dass die Demontage des paulinischen Ideals der Gleichheit der Geschlechter in den Schriften des Thomas von Aquin (1225–1274) ihren Tiefpunkt erreichte, als er in Übereinstimmung mit Aristoteles schrieb, dass die Frau *eine schlecht konstruierte Missgeburt ist.*[14] Zu dieser Zeit war die Missbilligung der Frau bereits zum festen Bestandteil der christlichen Theologie geworden, begründet durch Thomas von Aquins Interpretation der Aussagen des Apostels Paulus.[15]

SANKT BONIFATIUS (1217–1274) verurteilte die Frauen, indem er die bissigen Bemerkungen des Aristoteles[16] wiederholte, und DUNS SCOTUS (1226–1308) folgerte, dass *die Ordination von Frauen zwar Vorteile bringe, diese Vorteile jedoch hinfällig wären, weil der Wille Christi dies nicht zulasse.*[17]

MARTIN legt dar, dass im Mittelalter zwei widersprüchliche Lehrsätze in Bezug auf Frauen zu erkennen waren: *Frauen wurden einerseits als Töchter von Eva, der Verführerin, verachtet und doch zugleich in der Tradition der Jungfrau Maria verehrt (…) Autoren, die meist Mönche waren, stellten entweder Eva oder Maria als das einzig gültige Paradigma des weiblichen Geschlechts heraus und behaupteten dabei jeweils, das wahre Wesen der Frau genau verstanden zu haben.*[18]

Die Stellung der Frau in der Neuzeit

MARTIN LUTHER (1483–1546) erklärte: *Frauen sollten im Haus bleiben, sich ruhig verhalten, den Haushalt versorgen sowie Kinder gebären und aufziehen (…) Wenn eine Frau vom Kindergebären kraftlos wird und zuletzt daran stirbt, so ist dies einerlei. Sie mag ruhig am Kindergebären sterben – denn dazu ist sie da.*[19] Er behauptet, dass *(die Frau), obwohl sie eine hervorragende Schöpfung Gottes ist, in Ehre und Würde dem Manne unterlegen ist.*[20] Er eröffnete den Frauen jedoch die Möglichkeit der Ausübung eines geistlichen Amtes in der Öffentlichkeit, falls keine Männer verfügbar seien. In solchen Fällen, so Luther, *kann es notwendig werden, dass die Frau predigt.*[21]

Für CHARLES HODGE (1797–1878) war die Frau dem Manne ebenbürtig, was *Wissen, Rechtschaffenheit und Heiligkeit* betrifft, nicht jedoch in Bezug auf *göttliche Autorität*. Er schrieb, *sie soll nicht den Ruhm Gottes als Herrscher widerspiegeln, sondern ist in dieser Hinsicht dem Mann untergeordnet.*[22]

Ein gewisser Fortschritt in Richtung Gleichstellung war die Erklärung von JOHANNES CALVIN (1509–1564), dass die Frau tatsächlich zum Bilde Gottes erschaffen sei, wenn auch nur als Bild zweiten Grades.[23]

Die Reformation mit ihrer negativen Beurteilung des Klosterlebens ließ konsequent für Frauen nur noch die traditionelle Rolle der Hausfrau und Mutter offen, und Laiendienste wurden sehr stark eingeschränkt.[24] *Während die Männer weiterhin die Aussicht auf einen erfüllenden vollzeitlichen Dienst hatten,*[25] *fehlte (einer) ledigen Frau jetzt die einzige Beziehung, die ihrem Leben geistliche Bedeutung verleihen konnte: die Ehe.*[26]

Von 1800 bis ca. 1850 übernahmen Frauen Führungsaufgaben bei den Erweckungsbewegungen und den Gegnern der Sklaverei (Abolitionisten). Sie forderten mehr Möglichkeiten und Rechte für Frauen in Kirche und Gesellschaft, einschließlich des Predigtamtes für Frauen. CHARLES FINNEY (1792–1874) rief einen Aufschrei der Entrüstung hervor, als er Frauen erlaubte, in öffentlichen Veranstaltungen zu beten und Zeugnis zu geben, was er so begründete: *Eine Kirche, die Frauen zum Schweigen verdammt, beraubt sich selbst um die Hälfte ihrer Wirkkraft.*[27]

Die Rolle der Frau in der Gegenwart

MARTIN bemerkt dazu Folgendes: *Die Ebenbildlichkeit Gottes aberkannt zu bekommen, bedeutet zugleich, die von Gott gegebene Zweckbestimmung für das menschliche Leben zu verlieren.*[28] Heute ist zwar die Irrlehre überwunden, dass Frauen nicht im Bilde Gottes geschaffen wären, aber die Rolle der Frau in der Kirche hat sich oft nicht nennenswert verändert. MARTIN stellt Folgendes fest: *Die Theologie hat der Frau endlich die geistliche Gleichstellung mit dem Mann zugebilligt, (aber) die Gleichstellung in der Praxis des kirchlichen Lebens wird ihr noch verwehrt. (…) In Gottes Augen bist du gleichwertig, aber in den Augen der Männer darfst du nicht gleichwertig sein.*[29]

Nicht nur, dass die Rolle der Frau sich in vielen Kirchen kaum gewandelt hat, es gibt darüber hinaus offenbar eine Art konzertierte Aktion, die dafür Sorge trägt, dass die Frau auch weiterhin die Untergeordnete bleibt. BILEZIKIAN zeigt auf, dass manche sogar zu Irrlehren über das Wesen Gottes greifen, um ihre vorgefasste Meinung zu untermauern, dass der Mann die Vorherrschaft über die Frau ausüben muss. Die folgenden Informationen stammen aus dem Manuskript zu BILEZIKIANS Vorlesung „SUBORDINATION IN THE GODHEAD: A RE-EMERGING HERESY", auf Deutsch: „AUTORITÄTS-GEFÄLLE INNERHALB DER DREIEINIGKEIT: EINE WIEDERKEHRENDE IRRLEHRE":[30]

Die Schriften der frühen Kirchenväter belegen den Kampf, der nötig war, bis sich die Lehre der Dreieinigkeit gegen die falsche Subordinationslehre durchsetzen konnte, die behauptet, dass innerhalb der Gottheit eine unabänderliche Hierarchie besteht.

Diese Lehre wurde von einem ökumenischen Bischofskonzil im Jahre 325 n.Chr. entschieden als Häresie verurteilt. Sie verfassten das Nicänische Glaubensbekenntnis, das die Göttlichkeit Christi in vollem Umfang bestätigt – und damit die Wesenseinheit der Trinität. Vater, Sohn und Heiliger Geist sind vom Wesen her gleich. Damit waren die Beziehungen zwischen den drei Personen der Trinität klar festgelegt, und es wurden historische Fortschritte in der Kontroverse um das Gottsein und Menschsein Jesu Christi erzielt. Das Glaubensbekenntnis besagte, dass Jesus sich selbst erniedrigte (d.h. niemand zwang ihn, sich zu unterwerfen) und dass diese Selbsterniedrigung zeitlich begrenzt war und nicht für alle Ewigkeit galt (sie bezog sich also auf seinen Dienst und nicht auf sein Wesen). Das Konzil lehnte die Auffassung ab, dass innerhalb der Gottheit eine Art Hierarchie existiere, und wies die Subordinationslehre als eine Übernahme heidnischen Gedankenguts zurück.

Arius von Alexandria widersprach jedoch öffentlich dem Bischofskonzil und lehrte, dass nur Gott, der Vater, ein unvergängliches Wesen besaß. Der Sohn war seiner Ansicht nach ein Geschöpf, d.h. es gab seiner Auffassung nach eine Zeit, in der Gott, der Sohn, nicht existierte. Er lehnte ab, dass der Sohn dem Vater gleich sei, weil beide vom Wesen her verschieden seien.

Obwohl die Subordinationslehre bereits von der frühen Kirche zurückgewiesen wurde, taucht sie auch heute immer wieder auf. Sie ist das Fundament, auf dem die Wachtturm-Gesellschaft (Zeugen Jehovas) ihre Lehre aufbaut. Das erneute Auftauchen dieser Lehre in Bezug auf die Stellung der Frau ist von besonderer Bedeutung, weil sie versucht, eine hierarchische Ordnung zu etablieren, die nicht nur in Gottes geschaffener Welt gilt, sondern im Wesen Gottes begründet ist.

Aus der Auffassung, dass eine ewige Beziehung auf der Grundlage von Autorität und Gehorsam zwischen Gott, dem Vater, und Gott, dem Sohn, besteht, folgt konsequent, dass auch zwischen Mann und Frau eine solche, auf Autorität und Gehorsam basierende Beziehung besteht, weil die Menschen im Bilde Gottes erschaffen wurden. Damit wird die Hierarchie in Gott selbst verankert. Um die Gottgleichheit der Menschen abzubilden, müsste diese Autoritäts- und Unterwerfungsbeziehung darum nicht nur in Ehe und Gemeinde praktiziert, sondern auch auf alle Bereiche des menschlichen Lebens ausgedehnt werden.

Das hieße, dass die Frauen nicht nur hier im irdischen Leben den Männern in allen Dingen gehorchen müssten, sondern auch im kommenden Leben, weil der Mensch für alle Ewigkeit Gottes Ebenbild ist.

Im Unterschied zu dieser von BILEZIKIAN geschilderten unbiblischen Auffassung betont MARTIN mit Nachdruck, dass *die Vorherrschaft des Mannes keine ursprüngliche Lehre des Christentums ist, sondern erst durch den Einfluss der Gesellschaft entstand.*[31] Sie stellt fest, dass *hinter der konservativen Argumentation für die Unterordnung der Frau letztlich eine überhebliche Haltung gegenüber Frauen steht.*

In seiner Entgegnung an die Verfechter der männlichen Vormachtstellung schreibt W. WARD GASQUE, dass *die Aussagen der Schrift in diesem Punkt bei weitem nicht so eindeutig sind, wie jene glauben machen wollen, die der traditionellen Auffassung über die Rolle der Frau verpflichtet sind.*[32] Er sagt weiter, dass *wir durchaus verschiedene Aufgaben in der Welt haben; aber mit der Schrift begründen zu wollen, dass Frauen (…) den Männern untertan sein müssen (…), ist ein äußerst befremdlicher Umgang mit dem Wort Gottes.*[33]

3. Vorurteile aufdecken

Die zu Beginn dieses Abschnitts gemachte Feststellung „Niemand ist frei von Vorurteilen" könnte bedeuten, dass wir nicht einmal den Hauch einer Chance haben, die volle Wahrheit erkennen zu können. Glücklicherweise können unsere Vorurteile jedoch in Frage gestellt werden.

Die meisten von uns haben schon als Kinder biblische

Geschichten gehört, in denen Frauen vorkommen. Die vorgefassten Urteile der Geschichtenerzähler und der Bibelübersetzer haben die Art und Weise mit beeinflusst, in der diese Geschichten uns vermittelt wurden, und haben damit auch unser Verständnis von der Stellung der Frau geprägt. Auf diese Weise leben Vorurteile in Gestalt von Wahrheiten weiter. Dazu ein Beispiel:

- Bathseba wird für Davids Sünde verantwortlich gemacht, aber Gott gab durch Nathan dem David die Schuld dafür.

- Eva wird als „Helferin" (im Sinne von „Dienerin") angesehen, aber das Wort 'ezer hat im im Alten Testament einen ganz anderen Bedeutungsgehalt und verweist in der Regel auf Gott.

- Phöbe wird als Dienerin bezeichnet, obwohl im griechischen Text das Wort „Diakon" steht.

Wer Vorurteile aufdecken will, muss damit beginnen, Fragen zu stellen, Geschichten aus einer anderen Perspektive zu lesen versuchen und zugeben, dass die eigene Meinung möglicherweise mehr auf den Vorurteilen anderer Menschen beruht als auf der biblischen Wahrheit.

Dabei müssen heute folgende Fragen gestellt werden:
- Welche Rolle spielt die Tradition?
- Welche Zugeständnisse an die vorherrschende Kultur wurden in der Vergangenheit gemacht?
- Welche Kompromisse schließen wir mit unserer heutigen Kultur?
- Gestaltet die Kultur die Kirche, oder wirkt umgekehrt die Kirche auf die Kulturen ein?

Im Laufe der Geschichte haben wechselnde Umstände die Vorstellung von einem christlichen Lebensstil, der seine geistliche Ausrichtung erkennen lässt, verändert. In der frühen Kirche, als Christen für ihren Glauben sterben mussten, galt das Martyrium als höchstes Ideal für das geistliche Leben. Als Konstantin das Christentum hoffähig machte und es kaum noch Märtyrer gab, wurde die Entscheidung, ins Kloster zu gehen, für Frauen eine häufig wahrgenommene Möglichkeit, ihre Hingabe an Gott unter Beweis zu stellen. Als die Kirche dem Klerus erlaubte zu heiraten, wurde es für viele

Frauen zur Idealvorstellung, die Frau eines Pastors zu werden. Die Missionsbewegung eröffnete einen neuen Weg für Frauen, ihre Liebe und ihren Eifer zum Ausdruck zu bringen, und wurde für sie damit zu einer „bevorzugten geistlichen Lebensform".

Es zeigt sich, dass Kulturen schon immer prägend auf die Kirche eingewirkt haben, aber die Wahrheit des Neuen Testaments motivierte auch einige herausragende Persönlichkeiten dazu, ihrerseits gestaltenden Einfluss auf die Gesellschaft wahrzunehmen.

Angesichts der Tatsache, dass durch verschiedene Faktoren das „Idealbild für geistliches Leben" vom körperlichen Martyrium über Askese und Zölibat in Richtung Familienleben verschoben wurde, stellen sich für Frauen folgende Fragen:

- Worin besteht heute das Idealbild für geistliches Leben?
- Auf welcher biblischen Grundlage sollen wir uns für ein bestimmtes Modell christlichen Dienstes entscheiden?
- In welchem Maße wird die Entscheidung einer Frau zu einen Einsatz für Christus von der Kultur beeinflusst, in der sie lebt, und inwieweit wird sie durch die persönliche Berufung bestimmt?

Daraus wiederum ergeben sich weitere Fragen:

- Gilt der Missionsauftrag auch für Frauen?
- Gilt für sie die Berufung: „Geht hin (...) und macht zu Jüngern (...) lehrt sie (...) und tauft sie (...)"? Oder müssen sie zuerst einen Mann finden, der mit ihnen geht, damit sie unter seiner Leitung dienen können?
- Stimmt es, dass sie diesen Auftrag ausführen sollen, aber nicht innerhalb der etablierten Kirchen, in denen noch die von Männern dominierte Rangfolge gilt?
- Oder schiebt man die Frauen nach „Samaria" ab und verwehrt ihnen, dem Missionsauftrag in „Jerusalem" nachzukommen?
- Inwieweit sind die Antworten auf diese Fragen durch kulturelle Einflüsse bestimmt und inwieweit durch die Schrift?

Fragen zum Diskutieren und Nachdenken

1. Ist der christliche Dienst ein geschlechtsbezogener oder geist-gewirkter Auftrag? Wenn Sie eine Frau sind, hat Ihr Körper Auswirkungen auf Ihr geistliches Leben als Frau, die Sie dann von dem geistlichen Leben eines Mannes unterscheiden?

2. Beziehen sich die Bibeltexte zum Thema „geschaffen im Bilde Gottes" in erster Linie auf die Geschlechtszugehörigkeit oder auf das Menschsein an sich?

3. Wenn Adams Sünde des Ungehorsams durch das Blut Christi vollkommen gereinigt werden kann, gilt dies dann nicht auch für Evas Sünde, verführt worden zu sein?

   Wenn dies nicht gilt, sind die Frauen durch den Sündenfall für immer schuldig und haben keine Möglichkeit, geistlich frei zu werden und ihren vollen Anteil am Segen und Auftrag der „Söhne Gottes" zu erhalten? Wie gehen Sie mit diesem Widerspruch um?

4. Stimmt es, dass eine Frau sündigt, wenn sie sich nicht ihrem Mann unterordnet, dass aber ihr Mann dagegen nicht sündigt, wenn er sich seiner Frau nicht unterordnet? (Vgl. Eph. 5, 21ff.)

5. Wie kommt es, dass vielen Frauen auf dem Missionsfeld jeder Dienst erlaubt ist (z.B. Gemeinden gründen sowie Leitungs- und Lehraufgaben übernehmen), dass sie aber in ihren Heimatgemeinden nur Kinder und Frauen lehren dürfen?

6. Manche Bibelstellen werden heute als zeitlose Anweisungen betrachtet, andere werden als kulturell bedingt verstanden. Manche Stellen werden sogar in sich widersprüchlich ausge-legt.

   Wie reagieren Sie auf die folgenden Beispiele?

   a) Manche, die der Ansicht sind, 1.Kor. 14 verbiete Frauen, in der Gemeinde zu sprechen, behaupten andererseits, 1.Kor. 11 erlaube den Frauen, zu weissagen, sofern sie eine Kopf-bedeckung tragen. Wie sollen sie denn weissagen, ohne zu sprechen?

   b) Manche, die sagen, Frauen dürfen keine Leitungsaufgaben übernehmen, vertreten andererseits die Auffassung, dass Frauen die Gabe der Prophetie haben können. Da Weissagung aber eine der wichtigsten Geistesgaben für Leitungsaufgaben ist, wie kann dann Frauen, die diese Gabe haben, verwehrt werden, sie mit Autorität auszuüben?

c) Manche, die sagen, 1.Tim. 2,12 sei wörtlich zu nehmen, behaupten zugleich, der Vers 15 desselben Kapitels könne auf keinen Fall wörtlich gemeint sein.

7. Wie passt der Begriff „Autorität" in die biblische Vorstellung vom Dienen?

8. Auf welcher Grundlage teilte die frühe Kirche Leitungsaufgaben zu?

9. Was sagte Jesus über Machtausübung, über Dienst innerhalb des Leibes, über Rangfolge?

10. Beruft Gott Frauen ebenso in bestimmte Dienste wie Männer?

11. Christliche Unterweisung, stellvertretende Pastorate, Leitung gemeindeübergreifender Organisationen, Evangelisation, Lehraufgaben und schriftstellerische Tätigkeiten – das sind Aufgaben, die Frauen weithin zugestanden werden. Aufgaben und Ämter, die Frauen nicht selbstverständlich überall offen stehen, sind Hauptpastorate, Predigtdienste, Austeilen des Abendmahls und das Amt des Kirchendieners. Nach welchen Kriterien wird die Trennlinie zwischen verschiedenen Gemeindediensten gezogen?

12. Paulus wollte, dass Kleidung und Verhalten der Frauen keinen Anstoß erregen. Welchen Anstoß erregen wir heute in der Welt, indem wir Frauen nicht erlauben, ihre Fähigkeiten und Begabungen für Leitungsdienste in der Gemeinde in vollem Umfang einzusetzen?

13. Inwiefern schadet die kirchliche Haltung zur Stellung der Frau der Glaubwürdigkeit der Kirche in der Gesellschaft?

Konsequenzen ziehen

Die Herausforderung liegt jetzt darin,
biblisch begründet unser Denken und Handeln
zu hinterfragen.

Christliche Frauen reagieren mit gemischten Gefühlen von Verstimmung, Frustration oder Aufbruchstimmung darauf, wenn sie einerseits eine klare Berufung für sich erkennen und andererseits erfahren müssen, dass ihre Gaben, Fähigkeiten und ihre Eignung für Leitungsaufgaben, die sie am Arbeitsplatz täglich unter Beweis stellen, innerhalb der christlichen Gemeinde kaum Beachtung und Bestätigung finden. Dies hat tiefe Auswirkungen – nicht nur für die Frauen selbst, sondern auch auf das Zeugnis der christlichen Kirche in der Welt. Und entsprechend wird Kirche nicht als befreiend, sondern als einschränkend empfunden, ein Eindruck, der im krassen Gegensatz zu der Frohen Botschaft steht, die der ganze Leib Christi doch ausleben und verkündigen will.

Doch abgesehen davon, wie die Kirche von der Welt wahrgenommen wird, müssen wir uns auch die Frage stellen, wie die Kirche in den Augen Gottes dasteht. Wie überzeugend verkörpern wir die liebevolle und fürsorgliche Gemeinschaft erlöster Männer und Frauen, die Christus durch sein Kommen begründet hat? Die Gemeinschaft der Christen soll als sichtbares Zeichen dienen für die Realität der „Königsherrschaft Gottes" – jener zukünftigen Gemeinschaft, die wir erwarten und eines Tages erleben werden, und sie soll eine Gemeinschaft bilden, in der die Strukturen der Sünde nicht weiter aufrechterhalten werden.

Die Herausforderung für Christen besteht darin, Christus für die Welt erkennbar zu machen; dazu müssen wir *seine* Werte, *seine* Sichtweise und *seine* Wahrheit widerspiegeln.

In der Geschichte sehen wir immer wieder, wie oft wir von unserer schöpfungsgemäßen Bestimmung abgewichen sind. Wir müssen in aller Aufrichtigkeit neu erkennen, was die Schrift über die Beziehung zwischen Mann und Frau und zu Gott sagt.

Es ist ein mutmachendes Beispiel, wenn Männer und Frauen, die ernsthaft versuchen, als Christen in der heutigen Welt zu leben, bewusst ihre vorgefassten Meinungen beiseite legen und beim Lesen im Wort Gottes innerlich darum ringen, ganz neu seine Stimme der Wahrheit zu hören. Einige werden dabei ihre bisherige Auffassung bestätigt finden, andere hingegen werden daraufhin umdenken müssen. Letztlich geht es darum zu entdecken, wie wir trotz unterschiedlicher Interpretationen den grundlegenden Auftrag der Einheit des Leibes Christi in unseren Kirchen glaubhaft leben können.

Wie können wir sowohl Männer als auch Frauen von stereotypen Rollen befreien, so dass sie in enger Gemeinschaft mit Gott leben können?

Wie können wir Grundhaltungen, Regeln und Lebenspraxis ändern? Es folgen einige Schritte, wie wir zu solchen Vermittlern der Veränderung werden können:[1]

1. Eine Vision entwickeln.
2. Glaubensinhalte gemäß der Vision formen.
3. Die heutige Realität erkennen.

1. Eine Vision entwickeln

Visionäre, häufig auch als „Wegbereiter neuer Sichtweisen" bezeichnet, sind Menschen, die die Welt aus einer anderen Perspektive betrachten.

Die Bereitschaft zu einer neuen Sichtweise entspringt meist einer gewissen inneren Unruhe, einer Störung des inneren Gleichgewichts, einer Unzufriedenheit mit der aktuellen Situation. Der Status quo wird aus irgendeinem Grund plötzlich unbefriedigend. Einige Frauen sind heute an diesem Punkt angelangt.

Der Prozess zwischen diesem ersten Schritt – der neuen Sicht – und dem zweiten Schritt, an der Umsetzung dieser neuen Sicht zu arbeiten, kann entweder allmählich und sehr langwierig vonstatten gehen oder aber von einem Augenblick zum nächsten erfolgen. Aber um eine solche neue Sicht der Dinge zu gewinnen und sich für ihre Umsetzung einzusetzen, müssen wir davon überzeugt sein, dass die neue Vision besser ist als die derzeit vorhandene.

Ein Ausgangspunkt zur Entwicklung einer neuen Vision für die

Mitarbeit von Frauen in der Kirche ist die Frage: Wie sähe die Kirche aus, wenn die Begabung das entscheidende Kriterium für die Vergabe von Diensten wäre?

Welche Strukturen entsprechen der Botschaft, dass der Heilige Geist Männern und Frauen Gaben verliehen hat und dass er sie dazu berufen hat, in einer Gemeinschaft des Glaubens zu leben, sich gegenseitig aufzuerbauen und zu Christus als dem Haupt hin zu wachsen?

Wenn die Kirche sich in erster Linie an Gaben orientieren würde, dann wäre sie

– *eine Gemeinschaft,* in der Männer und Frauen die Aufgaben des Gemeindelebens miteinander teilen und gleichberechtigt bei der Entscheidungsfindung mitwirken;

– *eine Gemeinschaft,* in der sowohl Männer als auch Frauen ihre Begabungen als Vertreter in den Gremien der Kirchenleitungen einbringen;

– *eine Gemeinschaft,* in der sich sowohl Männer als auch Frauen nach der Weisheit des Heiligen Geistes sehnen, der Einheit schafft, anstatt sich auf die Erkenntnisse menschlicher Autoritäten zu verlassen, die oft nur Spaltungen verursachen;

– *eine Gemeinschaft,* in der Aufgaben, Positionen und Dienste für Männer und Frauen nicht nach der Geschlechtszugehörigkeit vergeben werden, sondern entsprechend ihren Gaben und ihrer geistlichen Reife, damit alle zusammen durch Unterweisung, Predigt, Sprachenrede, prophetisches Wort, Verwaltungsarbeit, Hilfsdienste, Hirtendienste usw. auferbaut werden;

– *eine Gemeinschaft,* in der sowohl Männer als auch Frauen erkannt haben, dass Christus das Haupt der Gemeinde, seines Leibes, ist;

– *eine Gemeinschaft,* in der gegenseitige Unterordnung praktiziert wird.

2. Glaubensinhalte gemäß der Vision gestalten

Wenn ein Wechsel der Sichtweisen im Gange ist, stehen alle davon betroffenen Menschen unter einer gewissen Spannung. Da ist zunächst die Unsicherheit, eine neue Sichtweise überhaupt in Betracht zu ziehen. Hinzu kommt die Angst, sich vielleicht in die falsche Richtung zu bewegen. Die Tatsache, dass eine Sichtweise neu ist, macht sie nicht automatisch richtig; aber die Tatsache, dass sie unseren bisherigen Standpunkt hinterfragt, macht sie auch nicht automatisch zur falschen Sichtweise. Und so kann es zu einer inneren Zerreißprobe kommen. Wir erkennen, welche Schwierigkeiten auftreten, wenn wir den Status quo beibehalten, und sehen zugleich, was geschieht, wenn Menschen in die falsche Richtung gehen, nur weil sie einem Leiter blind vertrauen. Schon viele Menschen sind einem Visionär in unglaubliche Irrtümer gefolgt.

Es genügt also nicht, die Vision eines anderen Menschen zu übernehmen; es muss eindeutig klar sein, welche Maßstäbe anzulegen sind, um Fehler der Vergangenheit zu überwinden und um beurteilen zu können, auf welchen Kriterien die neue Sichtweise beruht. Und es ist zu prüfen, ob diese Kriterien der Wahrheit entsprechen.

Nur wer fundierte Glaubensgrundsätze für sich gefunden hat, kann die Positionen anderer Menschen kritisch hinterfragen. Nur anhand klarer fundierter Glaubensgrundsätze kann hinterfragt werden, ob die eigene Vision mit der Bibel übereinstimmt. (In Anhang B werden zwei unterschiedliche Glaubensmodelle beschrieben.)

DON POSTERSKI von World Vision, Kanada schreibt:

Jeder von uns hat das Recht und die Verantwortung, seine Glaubensgrundsätze zu formulieren und zu vertreten.

Wir müssen zugeben, dass all unsere Strukturen subjektiv sind.

Wir müssen zugeben, dass manche Strukturen biblischer sind als andere.[2]

Manche besonders einengenden Strukturen können zeitweise als „Hilfs-Strukturen" nötig sein, um Unreife und Versagen der Menschen aufzufangen. Wenn sie jedoch zu Dauer-Hilfs-Strukturen werden, weil sie z. B. in Form von Gesetzlichkeit verfestigt werden, halten sie die Menschen in Unreife gefangen.[3] Strukturen der Dominanz, Machtpositionen, Selbstverherrlichung, gegenseitiges

Beherrschen sind unvereinbar mit dem Einen, der sein Leben ließ für seine Schafe.

Um sich eine Vision anzueignen, die besser mit der Bibel übereinstimmt, ist es hilfreich, Glaubensgrundsätze zu formulieren, die dieser Vision entsprechen. An ihnen lässt sich dann prüfen, ob die Vision mit der Schrift vereinbar ist. Um festzustellen, ob die in dieser Studie vorgelegte Vision für Dienste und Leitungsaufgaben in der Kirche tatsächlich besser mit der Bibel übereinstimmt als die heutige Praxis, müssen zunächst die Glaubensgrundsätze dargestellt werden, die dieser Vision zugrunde liegen.

a) Glaubensgrundsätze in Bezug auf widersprüchliche Definitionen

Zunächst muss die Bedeutung von Begriffen wie Leitung, Dienst, Hauptsein, Autorität und Unterordnung geklärt werden.

Die Widersprüche in den Definitionen können alle aufgelöst werden, wenn die Bibel in der Sichtweise der Erlösung gelesen wird und das von Jesus gelehrte Modell der Gemeinschaft den gültigen Rahmen für die Lebensführung des erlösten Menschen bildet.

Wenn eine Theologie der *Leitung* auf dem Vorbild der dienenden Leitung Christi basiert und nicht auf Hierarchie und Autorität, dann ist es keine Schwierigkeit mehr, wenn Frauen auf den Ruf Gottes für ihr Leben reagieren, indem sie sich in allen Bereichen des christlichen Dienstes einbringen.

Wenn *Dienst* als ein dienendes Helfen verstanden wird und keine Machtposition erfordert, Autorität aber allein dem Wort zugeschrieben wird und nicht bestimmten Personen, entfallen all die bekannten Auslegungs-Probleme, weil sich alle scheinbaren Widersprüche durch den Gesamtkontext klären und lösen lassen.

Die Frage des *Hauptseins* klärt sich, wenn der Kontext der Bibelstelle beachtet wird und nicht von einer einzigen stereotypen Bedeutung für den Begriff „Haupt" bei allen diesbezüglichen Schriftstellen ausgegangen wird.

Die Frage der *Autorität* klärt sich, wenn das Wort „*authentein*" eindeutig von „*exousia*" unterschieden wird.

Die Frage der *Unterordnung* klärt sich, wenn deutlich wird, dass die Schrift das Prinzip der gegenseitigen Unterordnung lehrt und das Modell einer Gemeinde vorgibt, in dem Gaben von allen Gemeindegliedern ausgeübt werden können.

b) Glaubensgrundsätze in Bezug auf biblische Autorität

Nach den Ausführungen von MARTIN ist Autorität definiert als das Recht, Gehorsam zu verlangen. Christlich geprägte Kulturen forderten in den vergangenen zwanzig Jahrhunderten von den Frauen, ihren Ehemännern zu gehorchen, und die weltliche Gesetzgebung erlaubte dem Ehemann häufig, seine Autorität mit körperlicher Gewalt durchzusetzen.[4]

MARTIN schreibt Folgendes: *Tief unter der Oberfläche der Theologie der weiblichen Unterordnung steckt wie ein Stachel der Gedanke, dass Männer eine besondere Beziehung zu Gott haben. Die Schmerzen dieses Stachels werden kaum dadurch gemildert, dass die Theologen diese Beziehung allein auf den Begriff Autorität eingrenzen. Diese Eingrenzung macht die Sache nur noch schlimmer. Denn gerade durch ihre „Autorität" haben die Männer festgelegt, dass Frauen Gott nicht auf jede Weise dienen dürfen, sondern nur in den Bereichen, die der männlichen Vorstellung von weiblichem Verhalten entsprechen.*[5]

Heute wird diese Position zunehmend abgeschwächt, und Christen *mildern die Konsequenzen der Autorität ab (...), indem sie dem Mann nur noch die letzte Verantwortung zuweisen. (...) Durch diese Interpretation wird die Autorität des Mannes von einem Vorrecht zu einem Dienst umgedeutet.*[6] Durch den Begriff „Haupt sein" versucht die Kirche, bei den Frauen in unserer Zeit eine größere Akzeptanz für die männliche Vorherrschaft zu erreichen.[7] C.S. LEWIS formuliert diese Haltung folgendermaßen: *Für mich als Mann ist es eine schmerzliche Pflicht, dem Vorrecht bzw. der Last gerecht zu werden, die das Christentum meinem Geschlecht auferlegt (...) Ein altes Sprichwort sagt, dass man vor der Uniform salutiert und nicht vor ihrem Träger. Nur ein Mensch, der die männliche Uniform trägt (...), kann den Herrn in der christlichen Gemeinde repräsentieren. Wir Männer sind nur allzu oft schlechte Priester. Der Grund liegt darin, dass wir nicht männlich genug sind.*[8]

MARTIN geht mit dem Prinzip der Autorität des Mannes hart ins

Gericht: *Diese Irrlehre wurde durch eine in Autorität verliebte und von Männern dominierte Kultur in die christliche Theologie eingeführt.*[9]

Wie sieht denn nun der legitime Gebrauch der Autorität nach biblischer Auffassung aus? Und wo beginnt der Missbrauch dieser Autorität?

Missbrauch der Autorität ist in jedem System verankert, das Menschen Autorität allein aufgrund der Tatsache zugesteht, dass sie einer bestimmten Menschengruppe angehören. Die Lösung dieses Problems liegt in der biblischen Lehre der gegenseitigen Unterordnung und der Zuteilung von Aufgaben innerhalb der Gemeinschaft aufgrund von Begabungen.

In einer wahrhaft christlichen Gemeinschaft sollte weder Mann noch Frau die oberste Autorität ausüben, denn die Aufgabe dieser Gemeinschaft besteht darin, Gottes Willen zu erkennen. Gott allein ist die höchste Autorität.[10]

c) Glaubensgrundsätze in Bezug auf Gemeinschaft

Wenn es um Gemeinschaft geht, gilt es, zwei verschiedene Aspekte auseinander zu halten. Zum einen müssen wir anerkennen, dass es Gottes erklärte Absicht ist, dass wir in Gemeinschaft leben. Zum anderen müssen wir erkennen, wie diese Gemeinschaft aussehen sollte.

Gott will Gemeinschaft

GRENZ und KJESBO stimmen mit GILBERT BILEZIKIAN (siehe Abschnitt „Einführung", S. 16ff.) darin überein, dass es Gottes Wille ist, dass seine Menschen Gemeinschaft haben, pflegen und vorbildhaft ausleben. Sie beschreiben dies folgendermaßen: *Gottes Ziel, eine Gemeinschaft zu bilden, ist der Kontext für die biblische Auffassung von Kirche (…) Unsere rückhaltlose Beteiligung an der neuen Gemeinschaft Gottes geschieht in Erwartung der eschatologischen Umgestaltung des menschlichen Lebens in das Reich Gottes. Dennoch (…) können wir schon jetzt an dieser eschatologischen Gemeinschaft teilhaben (…) Inmitten einer zerbrochenen Welt beruft unser Herr uns dazu, so gut wie möglich diese ideale Gemeinschaft der Liebe zu verkörpern, die sein eigenes Wesen widerspiegelt (…) Die Kirche soll eine Gemeinschaft sein, in der nicht die (menschlichen) Unterschiede die Grundbausteine für Identität und Aktivität sind (…) In der alten Ordnung waren die Menschen allzu schnell zur Diskriminierung aufgrund der Geschlechtszugehörigkeit bereit. Das Erlösungswerk Christi befreit uns jedoch davon, die hierarchische Rangfolge als Basis der Beziehungen zwischen Männern und Frauen anzusehen. (…) Das Neue Testament gibt uns den Auftrag, gemäß der Vision der neuen Schöpfung zu leben. Diese Vision schaut voraus auf den zukünftigen Tag der vollständigen Versöhnung der Menschen aller Rassen, Gesellschaftsschichten und der Geschlechter. Die Aufgabe der Kirche besteht darin, die gegenwärtige Realität gemäß dieser Vision umzugestalten, um (…) auf die vollkommene Gemeinschaft Gottes mit der Menschheit hinzuweisen, die ein Merkmal der eschatologischen Gottesherrschaft sein wird. (…) Wir müssen alles daransetzen, diese Vision in unserem jetzigen gemeinschaftlichen Leben zu verwirklichen – durch Strukturen, die Gemeinschaft und einträchtiges Miteinander fördern. (…) Der eindringliche Hinweis auf die eschatologische Vision bedeutet nicht, dass wir die neue Schöpfung zu Lasten der alten Schöpfung überbewerten. Ganz im Gegenteil: Was Gott durch das Kommen Christi angestoßen hat und bei der Wiederkehr unseres Herrn zur Vollendung bringen wird, bildet eine Einheit mit dem Beginn der Schöpfung. Der Aufruf nach umfassender Beteiligung von Männern und Frauen in der Kirche ist die Erfüllung der von Gott von Anfang an beabsichtigten Gleichberechtigung, die schon die Schöpfungsberichte in 1. Mose erkennen lassen.*[11]

Merkmale dieser Gemeinschaft

Damit diese Gemeinschaft lebensfördernd wirkt, muss es darin sowohl Einheit als auch Dienst geben. Manchmal konzentrieren sich bestimmte christliche Gruppen so stark darauf, die Einheit zu fördern, dass sie dabei das Ziel dieser Einheit aus dem Blick verlieren. Andere wiederum konzentrieren sich so stark auf den Dienst, dass sie versäumen, die Einheit zu fördern. Beide Elemente sind jedoch erforderlich. Und ein notwendiger Faktor für die Verwirklichung von Einheit und Dienst ist die gegenseitige Verantwortung.

Einheit bedeutet Einssein – die vorbehaltlose gegenseitige Annahme. Es darf keine Christen oder Mitarbeiter zweiter Klasse geben. Die Strukturen der uns umgebenden Gesellschaft haben innerhalb der Kirche keine Gültigkeit. Wir sind dazu aufgerufen, die säkularen Maßstäbe wie Geschlechts-, Rassen- und Klassenzugehörigkeit zu überwinden. *Dienst* bezeichnet den gemeinsamen Einsatz für das Evangelium – Seite an Seite. Wir sind zu einem königlichen Priestertum geworden. Es besteht eine direkte Verbindung zwischen dem Einssein und der Verpflichtung zu dienen, und es kann nur echte Gemeinschaft geben, wenn alle Mitglieder gleichermaßen und uneingeschränkt am Leben und am Dienst dieser Gemeinschaft teilnehmen.

Es besteht eine latente Spannung, die wohl immer anhalten wird, zwischen Gottes Berufung und der Bestätigung dieser Berufung durch die Kirche, aber ein Teil dieser Spannung kann abgebaut werden, wenn wir uns bewusstmachen, dass Positionen nur dazu da sind, uns zum Dienst zu befähigen und zu bevollmächtigen. Gott ruft uns in erster Linie zu sich selbst, und aus dieser Beziehung heraus erwächst die Berufung in den Dienst. Die Kirche bestätigt anschließend die Art und Weise sowie die Begabung und Befähigung für diesen Dienst, indem sie entsprechende Titel oder Positionen zuweist. Häufig wird jedoch der Position, die eine Person erhalten hat, eine größere Bedeutung beigemessen als dem berufungsgemäßen Dienst selbst, der Begabung für diesen Dienst oder der persönlichen Beziehung zu Christus, die von zentraler Bedeutung ist.

Verantwortlichkeit bedeutet, die gegenseitige Verantwortung und Unterordnung innerhalb der Gemeinschaft wahrzunehmen. Wer die Freiheit einfordert, die eigenen Gaben auszuüben, ohne vor der Gemeinschaft darüber Rechenschaft ablegen zu wollen, dessen Verhalten kann nicht als christlich bezeichnet werden. Darum müssen sich Frauen ebenso wie Männer bewusstmachen, in welchem kulturellen Umfeld sie leben. Eine Frau hat die volle Freiheit, Gottes Berufung in den Dienst zu folgen, aber diese Berufung muss durch die Gemeinschaft bestätigt werden – nicht weil sie eine Frau ist, sondern weil sie – ebenso wie jeder Mann – der christlichen Gemeinschaft, zu der sie gehört, verantwortlich und verpflichtet ist.

d) Glaubensgrundsätze in Bezug auf Gaben

- Der Missionsauftrag wurde der ganzen Kirche gegeben, die Männer und Frauen umfasst. Der Heilige Geist stattet sowohl Männer als auch Frauen mit den nötigen Gaben aus, um Menschen „zu Jüngern zu machen, zu unterweisen und zu taufen". Zu diesen Gaben für die Bereiche Leitung, Lehre und Dienst gehört Autorität; diese Autorität ist jedoch keine Autorität „über" andere Menschen, sondern Autorität im Sinn von Vollmacht durch das Wort und den Geist Gottes.
- Gaben sind nicht geschlechtsbezogen.
- Die persönliche Berufung wird nicht durch das Geschlecht festgelegt.
- Biologische Anlagen sind vorherbestimmt, geistliche Hingabe jedoch nicht. Echte Segenswirkungen können ledigen Frauen oder kinderlosen Ehefrauen ebenso zuteil werden wie verheirateten Frauen und Männern mit Kindern.
- Gott beabsichtigte eine Einheit, als er Mann und Frau schuf.
- Wahre Einheit hält nichts von Hierarchien.
- Liebe (und nicht Gesetzlichkeit) ist der Maßstab für Gottes Nachfolger.

e) Glaubensgrundsätze in Bezug auf Leitungsaufgaben

Wie sieht unsere geistliche Sicht von Leitungsverantwortung aus? Wie definieren wir diese Sicht?
Leitungsverantwortung hat folgende Aufgaben:
- Eine Vision entwickeln.
- Andere gewinnen, damit diese Vision realisiert werden kann.
- Mitarbeiter für Leitungsaufgaben heranziehen.
- Ausbildungsstrukturen für leitende Mitarbeiter aufbauen.
- Menschen zum wirksamen Einsatz ihrer Gaben anleiten.
- Einander dabei unterstützen, den jeweiligen Einsatzbereich zu finden, um die Gaben einzusetzen.
Leitungsarbeit im Team ist das biblische Modell, also eine Leitungsstruktur, die andere befähigt, aufbaut und bevollmächtigt, anstatt dominierend zu herrschen.

Für geistliche Leitungsarbeit braucht es Menschen mit folgenden Merkmalen:
- Sie verkörpern in ihrem Leben den Charakter Christi.
- Sie machen sich die Vision Christi zu Eigen.
- Sie ermächtigen andere zum Dienst.[12]

Eine Frau, die ja auch im Bild des liebevollen himmlischen Vaters geschaffen ist, kann seine Liebe ebenso deutlich widerspiegeln wie ein Mann. Und darin besteht ja gerade das Hauptkriterium für geistliche Leitungsaufgaben – nicht in Machtausübung und Autorität. Im Neuen Testament begegnet uns in der Regel die gemeinsame Leitungsarbeit im Team, dabei ist die Verantwortung auf mehrere Älteste verteilt.

In allen Leitungsgremien sollten neben Männern auch Frauen vertreten sein, weil sie in jede Situation neue Perspektiven einbringen können. Dabei muss diese neue Perspektive nicht von ihrer Geschlechtszugehörigkeit herrühren, sondern sie ergibt sich oft daraus, dass sie als Frauen einfach eine andere Lebenserfahrung mitbringen, so ATKINS: *Wenn wir mehr gemeinsame Leitungsarbeit im Team leisten (…) werden wir sicher die Erfahrung machen, (…) dass unabhängig davon, ob eine Frau das Team leitet oder nicht, die Mitarbeit von Frauen im Team deutlich effektivere Leitungsarbeit ermöglicht als ohne ihre Beteiligung.*[13]

Die Kirche braucht die spezifischen Führungsqualitäten der Frauen, und um diese Qualitäten nutzen zu können, muss womöglich der Führungsstil der Gemeindeleitungen entsprechend geändert werden. Wenn Frauen allein wegen ihrer Geschlechtszugehörigkeit von Führungsaufgaben ausgeschlossen werden, machen wir damit unsere Kirche ärmer. Ihr fehlen dann mindestens 50 Prozent der Gaben, die Gott eigentlich für sie vorgesehen hat.

Bei geistlicher Führung geht es nicht um Autorität und Machtausübung, sondern darum, Christus nachzufolgen und andere Menschen ebenfalls für diese Nachfolge zu gewinnen. Es geht um Verantwortungsbewusstsein und um den Auftrag Christi „Weide meine Schafe".

f) Glaubensgrundsätze in Bezug auf die Auslegung der Bibel

Zweifellos wirken viele kulturelle Einflüsse und traditionelle Verhaltensweisen darauf ein, wie wir die Schrift lesen und verstehen. Beispielsweise wird der Bericht des Johannes über die Fußwaschung (Joh. 13,5-17) in der Regel als kulturell begründete Gewohnheit verstanden, weil die Menschen damals eben offene Sandalen trugen. Wie viele Menschen befolgen heute noch das klare Gebot Jesu, einander die Füße zu waschen? Und warum nicht, wo doch Jesus selbst gesagt hat, dass wir es tun sollen? Galt dieses Gebot nur den Jüngern, oder vielleicht nur für diesen speziellen Tag? Wie können wir das wissen? Auf welcher Grundlage treffen wir hier unsere Entscheidung? Wir müssen uns bewusstmachen, nach welchen Sichtweisen und Prinzipien wir die Schrift interpretieren:

Es ist nicht akzeptabel, Teile der Schrift abzulehnen, auch wenn manche Teile gebunden an die damalige Situation sind.

Es ist möglich, dass wir die Schrift falsch gelesen und verstanden haben.

Es ist nötig, Textpassagen im Licht kultureller Herausforderungen (z.B. Sklaverei oder Umweltfragen) neu zu bedenken.

g) Glaubensgrundsätze in Bezug auf kulturelle Einschränkungen

Mann und Frau wurden als Beziehungswesen geschaffen. Sie sollten beide die Erde untertan machen, sie erhielten gemeinsam den Auftrag, zu arbeiten und Nachkommen zu zeugen. MARY STEWART VAN LEEUWEN beschreibt, wie diese Beziehung ausgestaltet werden kann: *Sie wurden geschaffen, um sich gegenseitig zu ergänzen, und waren frei, dieses Ergänzen im Leben selbst umzusetzen. Und die Art, wie diese Umsetzung vonstatten geht, beeinflusst unsere Kultur und wird von ihr geprägt.*[14] *Wir machen leicht den Fehler, diese Kultur als gottgegebene Tatsache anzusehen statt als die schöpferische Umsetzung des göttlichen Auftrags durch den Menschen. Wir verwechseln Gottes Schöpfungsordnung mit den von Menschen geschaffenen Ordnungen. Natürlich beeinflusst die Sünde unsere kulturellen Strukturen ebenso wie jeden anderen Bereich unseres Lebens. Es gibt genug Beispiele für Missbrauch, aber dieser*

Missbrauch ist nicht von Gott angeordnet, er ist vielmehr die Pervertierung der von Gott gegebenen Freiheit durch den Menschen. Männer und Frauen missbrauchen die in einer Kultur manifestierte Umsetzung ihrer gegenseitigen Ergänzung, indem sie ihre Geschlechtszugehörigkeit als Machtmittel zur Unterdrückung des anderen einsetzen oder indem sie daraus ein gesetzliches und starres Korsett konstruieren, das sowohl Männer als auch Frauen in bestimmte vorgegebene Aufgaben hineinzwängt.[15]

In der Aussage des Paulus, „in Christus gibt es weder Mann noch Frau", steckt ein Grundsatz, den wir in unserem Alltag umsetzen sollen: Christus ist gekommen, um die kulturell bedingten Unterschiede und die Folgen der Sünde aufzuheben. Damit kehren wir zur ursprünglichen Schöpfungsordnung zurück – hier wird also keine Rangfolge vorgegeben, sondern sie wird abgeschafft.

Von entscheidender Bedeutung ist die Frage, wie die von Christus erwirkte Freiheit in einem bestimmten kulturellen Umfeld gelebt wird. Und genau hierauf zielt wohl die Ermahnung von Paulus: Durch die in Christus gegebene Freiheit ist uns zwar alles erlaubt, aber es ist nicht ratsam, auch alles zu tun. Darum gilt: Obwohl es keinen theologischen Grund gibt, Frauen von irgendeiner Form des christlichen Dienstes auszuschließen (sie haben das Recht und die Freiheit zur Mitwirkung), haben sie andererseits doch die Freiheit, dieses Recht freiwillig *nicht* auszuüben, um anderen kein Anstoß zu sein. An dieser Stelle muss das kulturelle Umfeld, in dem jede Frau lebt, berücksichtigt werden (das war auch der Problempunkt für die Korinther). Zur Kultur gehören die Gepflogenheiten innerhalb einer christlichen Gemeinschaft ebenso wie Sprache, soziale Strukturen und wirtschaftliche Entwicklung.

Hierin zeigen sich erst wahre Demut und Dienstbereitschaft. Wenn die Frauen und Männer wirklich ihrer Glaubensgemeinschaft und der größeren sozialen Gemeinschaft dienen wollen, müssen sie das Gleichgewicht erhalten zwischen persönlicher Freiheit und Unterordnung unter die Gemeinschaft, zwischen dem Infragestellen von Traditionen und dem gegenseitigen Zuvorkommen in Ehrerbietung. Außerdem müssen sie die Fähigkeit entwickeln, Fortschritte zu erzielen, ohne über das Ziel hinauszuschießen; den Status quo zu verändern, ohne militante Aggressionen freizusetzen. Frauen können (ebenso wie Männer) diese Art von Sensibilität aufbringen, wenn sie sich bewusstmachen, dass ihr Dienst letztlich von Gott bestimmt wird und nicht von Männern, die „Autorität" über sie haben wollen, und dass sie ihren Dienstbereich aus freien Stücken selbst eingrenzen können, statt als eine erzwungene Einschränkung aufgrund ihrer Geschlechtszugehörigkeit zu akzeptieren.

3. Die heutige Realität erkennen

Um Veränderungen zu bewirken, beginnt man am besten dort, wo man sich gerade befindet. Menschen werden erst bereit, sich zu ändern, wenn sie ein Gefühl des Unbehagens empfinden – und wenn sie sehen, dass die Änderung ihnen zum Vorteil gereicht.

Wie sieht nun die aktuelle Lage aus? Man sollte wissen, auf welche Gruppen sich die Veränderung auswirken soll. Ihre Motive und gegebenenfalls die Gründe für ihren Widerstand sowie ihre verborgenen Ziele und Pläne sollten erkundet werden.

Wo steht die christliche Gemeinschaft heute in Bezug auf die Rolle der Frau? Gehen alle Mitglieder der Gemeinschaft von demselben Standpunkt aus? Welche Einschränkungen sollte ich um der Gemeinschaft willen auf mich nehmen? Inwieweit bin ich bereit, mich selbst um der Gemeinschaft willen zu ändern?

Welche gesellschaftlichen Normen sind zu beachten?

Was wollen wir erreichen? Unterschiedliche Kulturen erfordern unterschiedliche Zielsetzungen.

Fragen zum Diskutieren und Nachdenken

1. Bestimmt die Geschlechtszugehörigkeit über den Dienst, oder ist der Dienst die natürliche Wirkung von Berufung und Begabung? Auf welcher Grundlage wird diese Entscheidung getroffen?

2. Welche Widersprüche in den Lehrinhalten, die Ihnen in Bezug auf Frauen vermittelt wurden, konnten Sie durch diese Studie entdecken? Wurden diese Widersprüche zu Ihrer Zufriedenheit aufgelöst?

3. Welche Vision für das Zusammenleben im Leib Christi haben Sie entwickelt?

4. Welche Qualitäten und Qualifikationen muss ein Leiter Ihrer Meinung nach besitzen? Welche davon (wenn überhaupt) sind geschlechtsspezifisch?

5. Mit wem sollten Sie zusammenarbeiten, um Schritte festzulegen, die von der gegenwärtigen Situation zur Verwirklichung Ihrer Vision führen?

6. Welche Ressourcen stehen Ihnen zur Verfügung?

7. Zu Beginn dieser Studie wurden Sie gebeten, Fragen aufzuschreiben, die Sie mitgebracht hatten. Wie lauteten sie? Welche Erkenntnisse haben Sie diesbezüglich hinzugewonnen? Welche Fragen bleiben weiterhin ungelöst? Haben Sie eine Vorstellung, welche Schritte Sie zur Klärung der noch offenen Fragen unternehmen können?

8. Was können Sie persönlich dazu beitragen, damit Ihre Gemeinde der von STANLEY GRENZ und DENISE MUIR KJESBO beschriebenen Gemeinschaft (siehe Seite 130ff.) noch ähnlicher wird?

Nachwort

Wir leben in einer Welt, die auf Individualität setzt, die Gemeinschaft nicht stärkt, sondern eher schwächt oder sogar zerstört. Und doch liegt die einzige Hoffnung zur Überwindung von Rassen-, Klassen- und Geschlechtertrennung in der Gemeinschaft. Wo es echte Gemeinschaft gibt, da gibt es auch Gleichberechtigung für Männer und Frauen aller Rassen und Klassen.

Wer wird eine vorbildliche Gemeinschaft gestalten? Die Regierungen, das Bildungssystem, die Geschäftswelt oder die Kirche? Die Kirche kann diese prägende Wirkung ausüben, aber dazu muss sie sich selbst wieder auf das biblische Modell der Gemeinschaft zurückbesinnen und dieses Modell auch praktizieren.

In dieser neuen Gemeinschaft gibt es keinen Raum für den verbitterten Blick zurück in die Vergangenheit. Im Neuen Testament lesen wir keine zornigen Äußerungen von Frauen, die den Männern vorwerfen, wie viele Jahre sie unterdrückt wurden. Wir lesen nichts von aufgebrachten Männern, die alles versuchen, um die Frauen „in ihre Schranken" zu weisen. Wir hören nichts von Machtkämpfen. Wir lesen aber von Männern und Frauen, die sich der Herausforderung des Evangeliums stellen und in der Kraft des Geistes vorwärts gehen, um im Namen Christi in ihrer Gesellschaft alles in ihrer Macht Stehende zu tun. Von ihrem tiefsten Wesen her erfordert die neue Gemeinschaft sowohl gegenseitige Unterordnung als auch gegenseitige Verantwortlichkeit. Wir müssen gemeinsam daran arbeiten, dass Männer und Frauen gleichermaßen die Freiheit haben, Gottes Berufung für ihr Leben zu folgen. Wir müssen zusammenarbeiten, um mit Gottes Hilfe eine Gemeinschaft zu schaffen, die der von Christus gelehrten und gelebten Gemeinschaft möglichst nahe kommt.

Gemeinsam wollen wir beten und arbeiten, dass „sein Reich kommt – auf Erden wie im Himmel".

Bibliographie

Adams, Q.M. *Neither Male Nor Female: A Study of the Scriptures.* Great Britain: Arthur H. Stockwell Ltd., 1973.

Alsdurf, James and Phyllis. *Battered into Submission.* Downers Grove, Illinois: InterVarsity Press, 1989.

Atkins, Anne. *Split Image.* London: Hodder and Stoughton, 1987.

Bilezikian, Gilbert. *Beyound Sex Roles.* Grand Rapids, Michigan: Baker Book House, 1985.

- Lecture: „Reclaiming Biblical Community", Christians for Biblical Equality Conference, Wheaton, Illinois: July, 1993.

- Lecture: „Subordination in the Godhead: A Re-Emerging Heresy", Christians for Biblical Equality Conference, Wheaton, Illinois: July, 1993.

Bristow, John Temple. *What Paul Really Said About Women.* San Francisco: Harper & Row, 1988.

Clouse, Bonnidell and Robert G. *Women In Ministry: Four Views.* Downers Grove, Illinois: InterVarsity Press, 1989.

Evans, Mary J. *Woman in the Bible.* Downers Grove, Illinois: InterVarsity Press, 1983.

Flikkema, Joan D. „Strategies for Change: Being a Christian Change Agent", *Women, Authority, and the Bible,* Chapter 11, edited by Alvera Mickelsen. Downers Grove, Illinois: InterVarsity Press, 1986.

Fortune, Marie. *Is Nothing Sacred?* San Francisco: Harper and Row, 1989.

Gasque, W. Ward. „The Role of Women in the Church, in Society, and in the Home", *Priscilla Papers,* Volume 2, Number 2 / Spring 1988, S. 1-2, 8-10.

- „Biblical Manhood and Womanhood: Stressing the Differences", *Priscilla Papers,* Volume 4, Number 1 / Winter 1990, S. 9.

Grenz, Stanley. *Created for Community.* Wheaton Illinois: Victor Books/Scripture Press Publications, 1996.

Grenz, Stanley & Denise Muir Kjesbo. *Women in the Church.* Downers Grove, Illinois: InterVarsity Press, 1995.

Gundry, Patricia. *Neither Slave Nor Free: Helping Women Answer the Call to Church Leadership.* San Francisco: Harper & Row Publishers, 1987.

Hassey, Janette. *No Time for Silence.* Grand Rapids: Academic Books, 1986.

Hayter, Mary. *The New Eve in Christ.* Grand Rapids, Michigan: Eerdmans Publishing Co., 1987.

Haubert, Katherine M. *Women as Leaders.* Monrovia, California: Marc, World Vision, 1993.

Hestenes, Roberta. „Women in Leadership: Finding Ways To Serve The Church", *Christianity Today,* October 3, 1986, S. 5-10.

- Lecture, New Patterns for Christian Women in Leadership Conference, Toronto, Canada, 1989.

Hull, Gretchen Gaebelein. *Equal To Serve.* Old Tappan, New Jersey: Fleming H. Revell Co., 1987.

- „A New Testament Perspective on the Treatment of ‚Everywoman'", *Priscilla Papers,* Volume 9, Number 2 / Spring, 1995.

- Video Lecture: „The Sin of Patriarchy", Christians for Biblical Equality Conference, Wheaton, Illinois: July 1993.

Johnston, Robert K. „Biblical Authority and Interpretation: The Test Case of Women's Role in the Church and Home", *World Christian,* Summer 1990, S. 32-35.

- „The Role of Women in the Church and Home: An Evangelical Testcase In Hermeneutics", *Scripture, Tradition and Interpretation,* edited by Ward Gasque. Grand Rapids, Michigan: Eerdman's Publishing Co., 1978, S. 234-259.

Keener, Craig S. *Paul, Women and Wives.* Peabody, Massachusetts: Hendrickson Publishers, 1992.

Kroeger, Catherine Clark. Lecture, Christians for Biblical Equality Conference, Wheaton, Illinois: July 1993.

Kroeger, Richard Clark and Catherine Clark Kroeger. *I Suffer Not a Woman.* Grand Rapids, Michigan: Baker Book House, 1992.

Liefeld, Walter L. „Women and the Nature of Ministry", *Journal of the Evangelical Theological Society.* March 1987, S. 49-61.

Longenecker, Richard N. „Authority, Hierarchy & Leadership Patterns In The Bible", Women, Authority & The Bible, edited by Alvera Mickelsen. Downers Grove, Illinois: InterVarsity Press, 1986.

May, Grace, „Who's Who? Biblical Models of Women in Leadership", *Priscilla Papers,* Volume 7, Number 2/ Spring 1993, S. 1-5.

- „Who's Who: New Testament Female Ministry Role Models", *Priscilla Papers,* Volume 7, Number 3 / Summer 1993, S. 4-8.

Martin, Faith, *Call Me Blessed: The Emerging Christian Woman.* Grand Rapids, Michigan: Eerdmans Publishing Co., 1988.

Massey, Lesly F. *Women and the New Testament: An Analysis of Scripture in Light of the New Testament Era Culture.* Jefferson, North Carolina: McFarland and Company, 1989.

McKenna, David L. *Power to Follow, Grace to Lead.* Dallas, Texas: Word, 1989.

Mickelsen, Berkeley and Alvera. „Does Male Dominance Tarnish Our Translations?", *Christianity Today,* October 5, 1979, S. 23-29.

- „How Do We Interpret The Bible?", *World Christian,* Summer 1990, S. 28-31.

Miller, Jean Baker. *Toward a New Psychology of Women.* Boston: Beacon Press, 1976.

Osburn, Carroll D., Editor. *Essays on Women in Earliest Christianity.* Joplin, Missouri: College Press, 1993.

Richards, Lawrence O. *Expository Dictionary of Bible Words.* Grand Rapids, Michigan: Zondervan Publishing House, 1985.

Schmidt, Alvin John. *Veiled And Silenced: How Culture Shapes Sexist Theology.* Macon, Georgia: Mercer University Press, 1989.

Spencer, Aida Besancon. *Beyond The Curse: Woman Called To Ministry.* Nashville, Tenessee: Thomas Nelson, 1985.

Stackhouse Jr., John. Women in Public Ministry in the 20th-Century Canadian Evangelicalism: *Five Models, Studies in Religion,* Vol. 17, Number 4, Fall 1988, S. 471-485.

Storkey, Elaine. *What's Right With Feminism.* Grand Rapids, Michigan: Eerdmans Publishing Co., 1986.

Swartley, Willard M. *Slavery, Sabbath, War & Women: Case Issues In Biblical Interpretation.* Waterloo, Ontario: Herald Press, 1983.

Swidler, Leonard. *Biblical Affirmations of Woman.* Philadelphia: The Westminster Press, 1979.

Taylor, Marion. Lecture, Women in the Old Testament, Women in Ministry Course, Toronto: Ontario Theological Seminary, 1992.

Trible, Phyllis. *God and the Rhetoric of Sexuality.* Philadelphia, USA: Fortress Press, 1978.

Tucker, Ruth A. and Walter Liefeld. *Daughters of the Church.* Grand Rapids, Michigan: Zondervan Publishing House, 1987.

Tucker, Ruth A. Women in the Maze. Downers Grove, Illinois: Intervarsity Press, 1992.

Valerio, Adriana. *Women in Church History, Women: Invisible in Church and Theology,* edited by Elisabeth Schussler Fiorenza and Mary Collins. Edinburgh: T. and T. Clark Ltd., 1985.

Van Leeuwen, Mary Stewart. *Gender and Grace.* Downers Grove, Illinois: InterVarsity, 1990.

- Lecture, „Principalities, Powers and Gender Relations", Wheaton Illinois: Christians for Biblical Equality Conference, July, 1993.

Willis, John T. *Women in the Old Testament, Essays on Women in Earliest Christianity,* edited by Carroll D. Osburn. Joplin, Missouri: College Press, 1993, Chapter 2.

Witherington III., Ben. *Women and the Genesis of Christianity.* Cambridge, Illinois: Cambridge University Press, 1990.

HIERARCHISCHE POSITION

Hurley, James B. *Man and Woman in Biblical Perspective.* Leicester, England: InterVarsity Press, 1981.

Piper, John and Wayne Grudem. *Recovering Biblical Manhood and Womanhood.* Wheaton, Illinois: Crossway Books, 1991.

Knight, George W. III. *The New Testament Teaching on the Role Relationship of Men and Women.* Grand Rapids, Michigan: Baker Book House, 1977.

Glossar

Älteste – Vom griechischen Wort *„presbyteros"* abgeleitet. Sie lenkten in der frühen Kirche die Geschicke der Kirche. Manche von ihnen predigten oder lehrten, aber alle waren nach bestimmten moralischen und personenbezogenen Kriterien mit großer Sorgfalt ausgewählt.

authentein – Ein Wort, das in der Schrift nur ein einziges Mal vorkommt. Außerhalb der Schrift wird es unterschiedlich verwendet, es kann jedoch geschlechtsbezogene Anklänge (Konnotationen) haben und bedeutet so viel wie Beherrschen, Mord oder Ursprung (wie in „Autor").

Autorität – Die Vollmacht, Dispute oder Streitfragen zu entscheiden, zu beurteilen oder beizulegen; Rechtsprechung; das Recht, zu kontrollieren, zu befehligen oder zu entscheiden; die Vollmacht oder das Recht, die Handlungen anderer zu steuern, zu befehlen und Zuwiderhandlungen zu bestrafen.

Befehlskette – Ein philosophisches Konzept aus der Weltsicht der alten Griechen, demzufolge alle Lebensformen gemäß ihres Wertes in einer hierarchischen Rangfolge angeordnet waren. Dabei stand die Lebensform mit dem höchsten Wert ganz oben und die niedrigste Lebensform an unterster Stelle der Hierarchie. Über den Tieren standen dabei die Frauen und Sklaven, über ihnen wiederum die Männer und die Götter.

Begabung – Die Basis, auf der in der frühen Kirche einer einzelnen Person Aufgaben innerhalb der Gemeinschaft zugewiesen wurden. Ziel war dabei die Auferbauung des „Körpers", damit alle „Sehnen und Gelenke" zusammenarbeiten konnten unter Christus, dem Lebensspender des Leibes (Christus, das Haupt).

Bevorzugtes geistliches Modell** – Das Ideal für die Selbstverwirklichung der Frau im geistlichen Sinne hat sich im Laufe der Geschichte gewandelt. Im frühen Christentum hatte das Martyrium einen hohen Stellenwert. Danach kam das Zölibat. Das Priesteramt stand Frauen nicht offen, aber das Kloster bot eine Alternative und zugleich eine Chance auf Bildung. Als dem

Klerus erlaubt wurde, zu heiraten, wurde es zum Ideal erhoben, einen geistlichen Amtsträger zu heiraten. In der jüngsten Geschichte bot die Missionsbewegung Frauen die Möglichkeit, ihre christliche Hingabe unter Beweis zu stellen.

Chauvinist – Eine Person, die in voreingenommener Weise von der Überlegenheit der Gruppe überzeugt ist, der sie selbst angehört. Ein „maskuliner Chauvinist" geht davon aus, dass sich die Männer in den meisten Lebensbereichen durch eine angeborene Überlegenheit auszeichnen.

Diakon – Vom griechischen Wort *„diakonia"*, das mit Ministrant, Diener oder Diakon übersetzt wird. Es bezeichnet eindeutig eine liebevolle Dienstbereitschaft.

Dienst – Eine unterstützende Tat zum Nutzen, zur Freude oder zur Auferbauung anderer Menschen, Christen oder Nichtchristen, die aus Liebe zu Christus ausgeführt wird. Alle Anhänger Gottes sind dazu berufen.

Dienste – Spezifische Tätigkeiten, die ausgeübt werden, um der Kirche dienlich zu sein. Das Hirtenamt ist einer der kirchlichen Dienste, jedoch nicht der einzige Dienst.

Egalitarismus* – Vom französischen Wort „égal", das „gleich" bedeutet. Die Überzeugung, dass alle Menschen gleich sind, besonders im Hinblick auf soziale, politische und wirtschaftliche Rechte und Privilegien.

'ezer – Hebräisches Wort, das mit „Gehilfe" übersetzt wird und aufgrund dessen Verfechter einer hierarchischen Weltsicht Eva (der Gehilfin) und damit allen Frauen eine untergeordnete Position zuweisen. Dies gilt auch im Umkehrschluss für Adam (als demjenigen, dem geholfen wird) und mit ihm allen Männern, denen eine Vorrangstellung eingeräumt wird. Das Wort wird im Alten Testament jedoch häufig in Bezug auf Gott gebraucht, was gerade nicht auf eine Unterordnung hindeutet. Außerdem wird *'ezer* modifiziert durch das Wort *kᵉnägdo*, das so viel wie „von Angesicht zu Angesicht" oder „gleichwertig mit" bedeutet, und schließt somit den Gedanken der Überlegenheit dieses menschlichen Gehilfen kategorisch aus.

Feminin/maskulin – Verhaltensweisen und -merkmale, die in einer bestimmten Kultur speziell Frauen bzw. Männern zugewiesen werden.

Gegenseitigkeit – Ein Zustand, in dem Gefühle, Positionen oder Besitz gleichermaßen miteinander geteilt werden. Sie verbindet eine Partnerschaft, die auf Gleichheit basiert.

Gehilfe – Siehe *'ezer.*

Geschlecht – Eine Differenzierung der Menschen in männliche und weibliche Individuen. Menschheit, Menschen, Eltern, Kind, Personen und Individuum sind geschlechtsneutrale Begriffe; die Begriffe Mann, Frau, Brüder, Schwestern, Mutter, Vater, Sohn und Tochter dagegen sind eindeutig geschlechtsspezifisch. Missverständnisse entstehen durch Wörter, die früher beide Geschlechter bezeichneten, heute jedoch vielfach als geschlechtsspezifisch angesehen werden.

Gleichheit – Ein moralisches Konzept, ein von der Rechtsprechung geschützter Wert und Maßstab für Gleichberechtigung; der Theist (der Gottgläubige) geht von der Annahme aus, dass alle (Personen) sowohl begrifflich als auch rechtlich aufgrund ihrer von Gott gegebenen Wesensart und Menschenwürde gleich sind.

Haupt sein – Der Begriff selbst taucht in der Schrift nicht auf, wird aber von vielen verwendet, um die Autorität des Mannes über die Frau (oder gelegentlich nur die des Ehemanns über die Ehefrau) zu bezeichnen. Es wurde abgeleitet aus dem von Paulus bildhaft verwendeten Wort *„kephale"*, das „Haupt" bedeutet. Die Gelehrten sind unterschiedlicher Auffassung, aber es wird allgemein anerkannt, dass das Wort verschiedene Bedeutungen haben kann (z.B. Führer, Erster, Ursprung usw.), darum muss der Kontext über die jeweils gemeinte Bedeutung entscheiden.

Hermeneutik – Der theologische Fachbereich, der Regeln und Richtlinien für die Auslegung (Interpretation) der Bibel festlegt.

Hierarchie* – Eine Rangfolge, die Personen oder Dinge übergeordneten Personen oder Dingen zuordnet.

Inklusive Sprache – Der Gebrauch nicht geschlechtsspezifischer Wörter, mit der Absicht, sowohl Männer als auch Frauen mit einzuschließen.

Komplementarität* – Die Möglichkeit oder Fähigkeit, etwas zu vervollständigen oder zu komplettieren; wechselseitiges Ausfüllen von Mängeln. Komplementarität betont die gleichwertige Andersartigkeit, die Ergänzungsbedürftigkeit der Partner.

Kultur* – Die traditionellen Überzeugungen, sozialen Formen und äußeren Merkmale einer Volksgruppe bzw. Religionsgemeinschaft oder gesellschaftlichen Gruppe.

Leitung – Durch andere Menschen in der Welt etwas bewirken; kann unterschiedliche Formen annehmen und ist nicht auf Positionen oder Titel begrenzt. Häufig ist der offizielle Leiter alles andere als eine Führungspersönlichkeit.

Macht über – Die Ausübung von Autorität, Einfluss oder Kontrolle über eine andere Person.

Namensgebung – Ein Wort oder eine Bezeichnung festlegen, das bzw. die einer Person oder einem Ding eine eigene Identität verleiht.

Ordination – Eine Person oder eine Sache offiziell einem bestimmten Dienst zuordnen.

Paradigma – Eine Bezeichnung für das Modell, Muster oder Rahmenwerk, nach dem wir etwas beurteilen oder interpretieren.

Partnerschaft – Eine Unternehmung einschließlich aller Risiken und Vorteile gemeinsam durchführen.

Patriarchat*- Eine Gesellschaftsordnung, die auf der Vormachtstellung des Vaters innerhalb des Klans oder der Familie, der gesetzlichen Abhängigkeit der Frau und Kinder sowie auf der männlichen Erbfolge basiert.

Priestertum – Ein im Alten Testament eingerichtetes Amt, das nur männliche Nachkommen aus dem Stamm Levi ausüben durften. Sie illustrierten die Tatsache, dass ein Mittler zu Gott notwendig war. Diese Funktion wurde später ein für alle Mal von Jesus übernommen (Hebr. 7). Im Neuen Testament werden die Christen als „königliches Priestertum" (1. Petr. 2,9) und als „Königreich von Priestern" (Offb.1,5; 5,10) bezeichnet. Nichts deutet darauf hin, dass diese Bezeichnung nur für Männer gilt, sie gilt vielmehr für alle Gläubigen.

Schöpfungsordnung – Die Reihenfolge der Schöpfung vom ersten bis zum letzten Schöpfungsakt.

Sexismus* – Geschlechtsbezogene Vorurteile oder Diskriminierung; Haltung oder Verhalten, die bzw. das auf einer traditionellen Rollenverteilung zwischen den Geschlechtern basiert; Diskriminierung oder Geringschätzung einer Person aufgrund ihrer Geschlechtszugehörigkeit.

Sex* – Die Einteilung oder Unterscheidung von Lebewesen in männliche oder weibliche Kategorien; die Gesamtheit der strukturellen, funktionalen oder verhaltensmäßigen Merkmale, die Lebewesen als männlich oder weiblich ausweist.

Stille* – Die Abwesenheit von Sprache, Geräuschen und Tönen.

Subordination* – Eine niedrigere Stellung oder Position einnehmen; der Unterschied zur Unterordnung besteht darin, dass Unterordnung freiwillig erfolgen kann, bei der Subordination hingegen eine Person per Definition ständig der Autorität einer anderen Person unterstellt ist.

Unterordnung*** – Einer anderen Person zuordnen oder mit einer anderen Person identifizieren; die Zusammenführung disparater Willensinhalte.

Verschleierung – Radikale Isolierung einer Frau von jeglichem Blick-, Gesprächs- oder sonstigen Kontakt mit anderen Männern außer ihrem Ehemann.

Weissagen (Prophetie) – Weissagen bedeutet, im Namen eines anderen zu sprechen. Ein Prophet ist eine Person, die dazu bevollmächtigt ist, offiziell für jemanden zu sprechen. So waren z.B. Moses oder andere Propheten im Alten Testament autorisiert, im Namen Gottes zu sprechen. Frauen konnten ebenso wie Männer als Sprachrohr Gottes auftreten. Aber dieses Amt war, im Unterschied zum Königtum oder Priestertum, nicht erblich. Gott beruft, wen er will.

*   Nach Webster's New Collegiate Dictionary, (Springfield Mass: G. & C. Merriam Company, 1980)
**   Nach Ann Jervis, Professor, Wycliffe College, Toronto, Lecture, 1992
*** Nach Kevin Quast, New Testament Professor, Ontario Theological Seminary, Lecture, 1992

ANHANG B

Zusammenfassung der Glaubenssätze zur Begründung des *hierarchisch* orientierten Modells

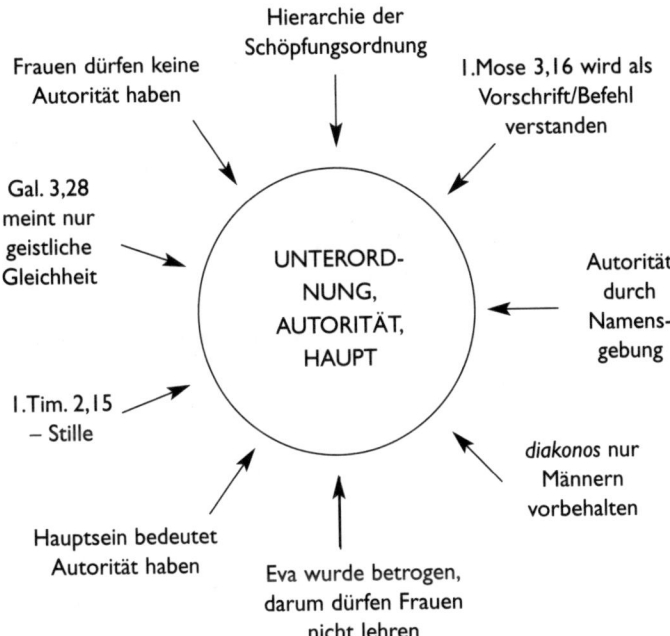

Die Frau ist dem Mann untertan, wie Christus dem Vater untertan ist. Im Allgemeinen sagen Traditionalisten, dass Frauen im Vergleich zu Männern nicht minderwertig seien, doch hätten sie trotz geistlicher Gleichwertigkeit andere Aufgaben. Das bedeute, ihre Aufgaben hingen von ihrer Geschlechtszugehörigkeit ab. Die biblische Basis hierfür sei, dass „Haupt" gleichbedeutend sei mit Autorität, und weil Christus das Haupt (die Autorität) der Kirche und der Mann das Haupt (die Autorität) der Frau sei, müsse die Frau sich unterordnen und dürfe keine Autorität über den Mann haben. Deshalb dürfe sie keine Männer lehren und auch nicht predigen.

In dieser traditionalistischen Sichtweise wird von folgenden Bedeutungen ausgegangen:

'ezer kᵉnägdo	gleichwertige Gehilfin bedeutet „untergeordnet"
kephale	Haupt bedeutet „Autorität"
authentein	wird mit „Autorität" übersetzt
sigao	bedeutet „darf nicht sprechen"
hupotasso	bedeutet „Unterordnung der Ehefrau unter den Ehemann" und wird von der Kirche übernommen in der Bedeutung „Unterordnung der Frauen unter die Männer"

Als zentrale Textstellen werden angeführt:

> Eph. 5,22 (Unterordnung)
> 1.Tim. 2,15 (Ich erlaube nicht)
> Eph. 5,23 und 1.Kor. 11,3 (Haupt)

(Gal 3,28 wird ausschließlich geistlich interpretiert – als wichtige Aussage der Rechtfertigungslehre – aber ohne konkrete Auswirkung auf den Lebensvollzug)

Zusammenfassung der Glaubenssätze zur Begründung des *gabenorientierten* Modells

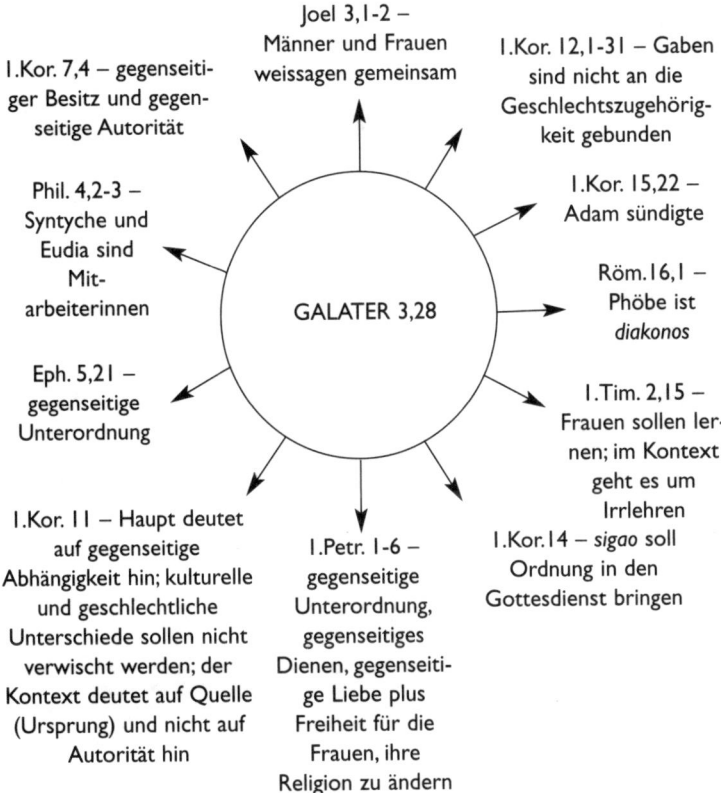

I.Kor. 7,4 – gegenseitiger Besitz und gegenseitige Autorität

Phil. 4,2-3 – Syntyche und Eudia sind Mitarbeiterinnen

Eph. 5,21 – gegenseitige Unterordnung

I.Kor. 11 – Haupt deutet auf gegenseitige Abhängigkeit hin; kulturelle und geschlechtliche Unterschiede sollen nicht verwischt werden; der Kontext deutet auf Quelle (Ursprung) und nicht auf Autorität hin

Joel 3,1-2 – Männer und Frauen weissagen gemeinsam

GALATER 3,28

I.Petr. 1-6 – gegenseitige Unterordnung, gegenseitiges Dienen, gegenseitige Liebe plus Freiheit für die Frauen, ihre Religion zu ändern

I.Kor. 12,1-31 – Gaben sind nicht an die Geschlechtszugehörigkeit gebunden

I.Kor. 15,22 – Adam sündigte

Röm.16,1 – Phöbe ist *diakonos*

I.Tim. 2,15 – Frauen sollen lernen; im Kontext geht es um Irrlehren

I.Kor.14 – *sigao* soll Ordnung in den Gottesdienst bringen

Männer und Frauen sind gleichermaßen im Bilde Gottes geschaffen; damit sie in Gemeinschaft leben und dieser Gemeinschaft dienen auf der Basis ihrer vom Heiligen Geist ausgeteilten Gaben und nicht auf der Grundlage ihrer Geschlechtszugehörigkeit. Das Wesen dieser Gemeinschaft liegt in der gegenseitigen Unterordnung und Verantwortlichkeit: Alle sollen Diener sein und mit ihren Begabungen zur gegenseitigen Auferbauung beitragen.

In dieser neuen Sichtweise der Erlösung wird von folgenden Bedeutungen ausgegangen:

'ezer kᵉnägdo	gleichwertige Gehilfin bedeutet „von Angesicht zu Angesicht; geeignet füreinander"
kephale	Haupt bedeutet „Quelle"
authentein	wird als selten verwendetes Wort wahrgenommen, das auf Dominanz hindeutet
sigao	bedeutet freiwilliges Stillsein, um aufmerksam zuhören zu können
hypotasso	bedeutet eine freiwillige Einordnung /Zuordnung und wird im Kontext gegenseitiger Unterordnung verwendet

Als zentrale Textstelle wird Gal. 3,28 angeführt, die auf die Gleichheit aller Menschen in Christus hinweist und sowohl geistlich als auch praktisch zu verstehen ist, weil das tägliche Ausleben unserer neuen Identität in Christus nicht von der ewigen Wirklichkeit unseres Lebens in ihm getrennt werden kann.

Anmerkungen

Einführung

1   Rebecca Merrill Groothuis, „Good News for Women", Grand Rapids: Baker Book House 1997, S. 194

2   W. Ward Gasque, „The Role of Women in the Church, in Society and in the Home", Priscilla Papers, Volume 2, Number 2, (Frühjahr 1988), S. 10

3   Diese Auflistung hermeneutischer Prinzipien gilt nur für diese Studie und erhebt keinen Anspruch auf Vollständigkeit. Eine umfassende Darstellung zum Thema Interpretation siehe „How to Read the Bible For All Its Worth" von Gordon D. Fee und Douglas Stuart, (Grand Rapids, Michigan: Zondervan Publishing House, 1982)

Überprüfen der Sichtweisen

1   Gilbert Bilezikian, Vortrag, „Reclaiming Biblical Community", Wheaton, Illinois: Christians for Biblical Equality Conference, Juli 1993

2   Gilbert Bilezikian, Vortrag, 1993

3   Gilbert Bilezikian, Vortrag, 1993

4   Gilbert Bilezikian, Vortrag, 1993

5   Stanley Grenz und Denise Muir Kjesbo, Women in the Church, (InterVarsity Press: Downers Grove, 1995), S. 211

6   Faith Martin, Call Me Blessed, (Grand Rapids, Michigan: Eerdmans Publishing, 1998), S. 73

Die Auslegung der Schrift – Das Alte Testament

1   Mary Hayter, The New Eve in Christ, (Grand Rapids: Eerdmans Publishing Co., 1987), S. 102

2   Phyllis Trible, God and the Rhetoric of Sexuality (Philadelphia: Fortress Press, 1978), S. 90

3   Mary Hayter zitiert eine Aussage von J.I. Packer aus „I Believe in Women's Ministry" in Why Not?, herausgegeben von R.T. Beckwith, (Grand Rapids, Michigan: Eerdmans Publishing Co., 1976), S. 101

4   Aida Besancon Spencer, *Beyond the Curse,* (Nashville: Thomas Nelson, 1985), S. 27

5   Marion Taylor, Vortrag am Ontario Theological Seminary, 1992

6   Spencer, S. 29

7   James Strong listet folgende Bedeutungen für das hebräische Wortd *dabaq* auf: eindringen, i.S.v. anhaften oder ankleben, (figurativ: einholen), fest dranbleiben, anhangen (fest aneinander), auf dem Fuße folgen (dicht auf den Fersen), verbunden sein (miteinander), (daran) bleiben, überholen, hart verfolgen, an etwas kleben, nehmen. „A concise Dictionary of the Words in The Hebrew Bible", *The New Strong's Concordance,* (Nashville: Thomas Nelson Publishers, 1984), S. 29

8   Mary J. Evans, *Woman in the Bible,* (Downers Grove: InterVarsity Press, 1983), S. 19

9   Taylor, Vortrag, 1992

10   George Knight III., *The New Testament Teaching on the Role Relationship of Men and Women,* (Grand Rapids, Michigan: Baker Book House, 1977), S. 32

11   Knight, S. 32

12   Trible, S. 128

13   Gretchen Gaebelein Hull, „A New Testament Perspective on the Treatment of ‚Everywoman'," *Priscilla Papers,* Volume 9, Number 2, (Spring, 1995), S. 9

14   Hull, S. 10

15   Hull, S. 11

16   Spencer, S. 42

17   Martin, S. 99-100

18   Martin, S. 98

19   Martin, S. 99

20   Grace May, „Who's Who? Biblical Models of Women in Leadership", *Priscilla Papers,* Volume 7, Number 2 / Spring, 1993, S. 3

21   John T. Willis, „Women in the Old Testament", *Essays on Women in Earliest Christianity,* herausgegeben von Carroll D. Osburn, (Joplin, Missouri: College Press, 1993), S. 35

22   Martin, S. 94

23   Martin, S. 39

24   Martin, S. 39

Die Auslegung der Schrift – Das Neue Testament.
Die neue Sichtweise der Erlösung

1   Ben Witherington III., Women and the Genesis of Christianity. (Cambridge, Illinois: Cambridge University Press, 1990), S. 9

2   Leonard Swidler, Biblical Affirmations of Women, (Philadelphia: The Westminster Press, 1979), S. 154

3   Swidler, S. 154

4   Swidler, S. 156

5   Swidler, S. 156

6   Swidler, S. 154–157

7   Swidler, S. 155

8   Witherington, S. 7

9   Witherington, S. 7

10 Ruth Tucker and Walter Liefeld, Daughters of the Church, (Grand Rapids: Zondervan Publishing House, 1987), S. 29

11 Lesley F. Massey, Women and the New Testament, (Jefferson, North Carolina: McFarland and Company, 1989), S. 6

12 Evans, S. 53

13 Gilbert Bilezikian, Beyond Sex Roles, (Grand Rapids, Michigan: Baker Book House, 1985), S. 102

14 Grace May, „Who's Who: New Testament Female Ministry Role Models", Priscilla Papers, Volume 7, Number 3 / Summer 1993, S. 5

15 Swidler, S. 145

16 Spencer, S. 57

17 Spencer, S. 60

18 Spencer, S. 61

19 Bilezikian, S. 85

20 Evans, S. 46

21 Evans, S. 52

22 May, S. 4

23 May, S. 5

24 Grenz, S. 76

25 Swidler, S. 196

26 Tucker, S. 64

27 Lawrence O. Richards, Expository Dictionary of Bible Words, (Grand Rapids, Michigan: Zondervan Publishing House, 1985), S. 505

28 John Temple Bristow, What Paul Really Said About Women, (San Francisco: Harper and Row, 1988), S. XI

29 Bristow, S. IX

30 Bristow, S. X

31 Tucker, S. 66

32 Roberta Hestenes sagte dies in einer Fragestunde bei der Konferenz „New Patterns for Christian Women in Leadership", Toronto, 1989

33 Tucker zitiert F. F. Bruce, S. 453

34 Grenz, S. 177

35 Hull, in der Videoaufzeichnung eines Vortrags bei der Konferenz „Christians for Biblical Equality", 1993

36 Gasque, S. 9

37 Martin, S. 169

38 Bilezikian wie zitiert von Katherine Haubert in: Women as Leaders (Monrovia, California: Marc Pub., 1993), Fußnote Nr. 71, S. 87

39 Haubert, S. 41

40 Haubert, S. 41–42

41 James Hurley, Man and Woman in Biblical Perspective (Grand Rapids, Michigan: Zondervan Publishing House, 1981), S. 167

42 Haubert zitiert Gordon Fee, Fußnote Nr. 73, S. 87

43 Hurley, S. 173

44 Martin, S. 167

45 Martin, S. 167

46 Anne Atkins, Split Image, (London: Hodder and Stoughton, 1987), S. 109

47 Atkins, S. 110

48 Grenz, S. 192

49 Tucker, S. 451

50 Bristow, S. 62–63

51 Haubert, S. 62

52 Bristow, S. 63

53 Atkins, S. 111

54 Haubert, S. 63

55 Haubert, S. 61

56 Spencer, S. 118

57 Swidler, S. 310

58 Swidler, S. 310

59 Swidler, S. 310

60 Swidler, S. 310

61 Bilezikian, S. 243
62 Bilezikian, S. 292
63 Bilezikian, S. 158
64 Bilezikian, S. 246
65 Atkins, S. 174
66 Bilezikian, S. 154
67 Bilezikian, S. 154
68 Bilezikian, S. 154
69 Bristow, S. 39
70 Bristow, S. 40
71 Bristow, S. 42
72 Bristow, S. 43
73 Bristow, S. 43
74 Craig Keener, Paul, Women and Wives, (Peabody, Massachusetts: Hendrickson Publishers, 1992), S. 135
75 Atkins, S. 123
76 Bristow, S. 71
77 Bristow, S. 70-71
78 Bristow, S. 71
79 Spencer, S. 87
80 Bristow, S. 72
81 Knight, S. 18
82 Knight, S. 18
83 Knight, S. 19
84 Bristow, S. 74
85 Catherine Kroeger sagt dies in einer Videoaufzeichnung der Konferenz „Christians for Biblical Equality", Wheaton, Illinois, USA, 1993
86 Bristow, S. 75
87 Bristow, S. 75
88 Bristow, S. 76-77
89 Bristow, S. 54
90 Bristow, S. 55
91 Bristow, S. 58
92 Bilezikian, S. 191
93 Bilezikian, S. 189
94 Bilezikian, S. 192
95 Martin, S. 50

Offenlegen der kulturellen Einflüsse

1 Swidler, S. 155-157
2 Spencer, S. 44
3 Adriana Valerio, „Women in Church History", „Women: Invisible in Church and Theology,", herausgegeben von Elisabeth Schussler Fiorenza und Mary Collins, (Edinburgh: T and T Clark Ltd., 1985) S. 63
4 Martin, S. 19
5 Martin, S. 18
6 Tucker, S. 103
7 Martin, S. 20
8 Martin, S. 21
9 Valerio, S. 63
10 Bristow, S. 112
11 Bristow, S. 118-119
12 Bristow, S. 112-113
13 Martin, S. 49
14 Bristow, S. 115
15 Bristow, S. 117
16 Tucker, S. 165
17 Tucker, S. 165
18 Martin, S. 21-22
19 Tucker, S. 173
20 Tucker, S. 174
21 Tucker, S. 175
22 Martin, S. 81
23 Martin, S. 81
24 Tucker, S. 179
25 Tucker, S. 179
26 Martin, S. 25
27 Tucker, S. 252
28 Martin, S. 18
29 Martin, S. 27
30 Das hier vorgelegte Material stammt aus dem Vortrag „Subordination in the Godhead: A Re-Emerging Heresy" von Gilbert Bilezikian, (Wheaton, Illinois, USA: Christians for Biblical Equality Conference, 1993)
31 Martin, S. 52
32 W. Ward Gasque, „Biblical Manhood and Womanhood – Stressing the

Differences", Priscilla Papers, Volume 4, Number 1 / Winter 1990, S. 9

33 Gasque, S. 9

Konsequenzen ziehen

1 Die Darstellung dieser Schritte folgt den Ausführungen von Joan D. Flikkema in „Strategies for Change: Being a Christian Change Agent", erschienen in „Women, Authority and the Bible", herausgegeben von Alvera Mickelsen, (Downers Grove, Illinois: InterVarsity Press, 1986), S. 256-274. Die Ausführungen wurden zwar für diese Studie angepasst, aber Grundgedanke, Struktur sowie der eindringliche Appell, Agenten der Veränderung zu werden, stammen ursprünglich von dieser Autorin. Die von ihr angeführten Einzelschritte haben sich für mich in vielen Planungssituationen als sehr hilfreich erwiesen.

2 Don Posterski, Director of National Ministries, World Vision Canada, war Redner bei einer Konsultation zum Thema „Frauen im christlichen Dienst", veranstaltet mit Unterstützung der Evangelical Fellowship of Canada, Toronto, 1992

3 Bilezikian, Vortrag, „Reclaiming Biblical Community", 1993

4 Martin, S. 54

5 Martin, S. 179

6 Martin, S. 54

7 Martin, S. 54

8 Martin zitiert C. S. Lewis, S. 102

9 Martin, S. 55

10 Atkins, S. 137

11 Grenz, S. 175-179

12 David McKenna, Power to Follow, Grace to Lead, (Dallas: Word, 1989), S. 194

13 Atkins, S. 143

14 Mary Stewart Van Leeuwen, Vortrag auf der CBE-Konferenz, Wheaton: Illinois, 1993

15 Van Leeuwen, CBE-Konferenz, 1993

Peter Zimmerling

Starke fromme Frauen

176 Seiten. Paperback
Bestell-Nr. 3-7655-1098-X

Begegnungen mit Erdmuthe von Zinzendorf, Juliane von
Krüdener, Anna Schlatter, Friederike Fliedner, Dora Rappard,
Eva von Tiele-Winckler, Ruth von Kleist-Retzow.

Die sieben vorgestellten Frauen aus drei Jahrhunderten haben
vorbildliche Herausforderungen ihrer Zeit aufgegriffen und beantwortet. Das geschah, indem sie in Vergessenheit geratene biblische
Erkenntnisse neu entdeckten und mutig in die Praxis umsetzten.
Sie alle zeigen, dass der Pietismus in den drei Jahrhunderten
seines Bestehens zukunftsorientiert genug war, um neue Wege
einzuschlagen.

BRUNNEN VERLAG GIESSEN